陳福成著

我這輩子幹了什麼好事
——我和兩岸大學圖書館的因緣

文史哲出版社印行

文學叢刊

國家圖書館出版品預行編目資料

> **我這輩子幹了什麼好事：我和兩岸大學圖書**
> **館的因緣** / 陳福成著 . -- 初版 -- 臺北市：
> 文史哲，民 103.08
> 　　頁；　　公分（文學叢刊；333）
> 　　ISBN 978-986-314-207-2（平裝）
>
>
>
>
> 856.186　　　　　　　　　　103017135

文　學　叢　刊　333

我這輩子幹了什麼好事
── 我和兩岸大學圖書館的因緣

著　　　者：陳　　　福　　　成
出　版　者：文　史　哲　出　版　社
　　　　　　http://www.lapen.com.tw
　　　　　　e-mail：lapen@ms74.hinet.net
登記證字號：行政院新聞局版臺業字五三三七號
發　行　人：彭　　　正　　　雄
發　行　所：文　史　哲　出　版　社
印　刷　者：文　史　哲　出　版　社
　　　　臺北市羅斯福路一段七十二巷四號
　　　　郵政劃撥帳號：一六一八〇一七五
　　　　電話886-2-23511028 · 傳真886-2-23965656

定價新臺幣五〇〇元

中 華 民 國 一〇三 年 （2014） 八 月 初 版

自序：本書出版的動機

這輩子意外的寫了近百本書，每出版一本，至少出版社總會給我若干本，久而久之，一屋子全是自己的書，當舊書賣給人，很可惜，也不值幾文。

於是，我想到送給兩岸各大學圖書館，美國哈佛圖書館也因朋友之緣成為贈書對象。

又久而久之，各大學圖書館給我很多感謝函，這是人家的誠意，也是我走過一段路的腳印回響，我不忍丟掉，編成一書，再給圖書館，也是對自己的紀念。

這些典藏我著作的大學圖書館，在台灣地區有（校名均略稱）：台大、陽明、政大、東吳、台師、文化、世新、景文科、淡江、清華、交通、台東、中央、暨南、東華、南華、銘傳、實踐、台北教、屏教、高雄、彰師、嶺東技、中科、中興、中原、元智、長庚、中央警、陸軍專、國防、空官、陸官、海官、南台科、成大、台南應、大葉、中正、

嘉義、台南、蘭技、義守、文藻、佛光、逢甲、國圖、高雄師、真理、亞洲、弘光科，共五十一個。

在大陸地區有：鄭州大、福建中、哈爾濱商、漳師、東北財、華僑、廣西民族、西南大、山東科、廈大、鄭州輕、西華師、西南交、成都中、湖南師、山西農、河南大、西北工、北大、清華、公安、政法、中央民族、復旦、北京師、浙江師、山東大、九江學、吉林農、海南大、貴州大、清海師、蘭州大、內蒙大、瀋陽師、上海大、安徽大，共三十七個。

我這些書絕大多數屬「中國學」、「中華文化」範圍，希望對所有中國人、炎黃子孫有所助益。敬請批評指教，不勝馨香期盼。

（台北公館蟾蜍山萬盛山莊主人　陳福成於

公元二○一四年春節前，再整理於同年秋）

我這輩子幹了什麼好事　目　次

——我和兩岸大學圖書館的因緣

第二篇　大陸地區……………………………………………………二〇五

第一篇　台灣地區

左起：本書作者陳福成、師兄俊歌、師兄吳信義，
2010 年 11 月 4 日，山西關帝祖廟。

山西芮城好友劉焦智先生（左），2010 年，芮城大禹渡。

親愛的　陳福成校友，您好！

非常感謝您對《臺大人文庫》的支持！

本次收到您贈送之著作清單如下：

☒愛倫坡小說選：從地獄歸來

☒迷情・奇謀・輪迴-被詛咒的島嶼(一)

☒五十不惑-一個軍校生的半生塵影

☒性情世界-陳福成的情詩集

☒國家安全論壇

☒中國歷代戰爭新詮

☒春秋記實

☒歷史上的三把利刃

☒國家安全與情治機關的弔詭

☒中國政治思想【新詮】

☒中國近代黨派發展研究新詮

☒中國四大兵法家新詮

圖書館將永久珍藏您所捐贈著作。

敬祝
平安如意

圖書館臺大人文庫　敬上
2008/1/18

《臺大人文庫》聯絡資訊
TEL：+886-2-3366-2295
FAX：+886-2-2363-4344
E-MAIL：diaetwang@ntu.edu.tw
地址：106臺北市大安區羅斯福路四段一號　臺灣大學
http://www.lib.ntu.edu.tw/NTUCollections

陳福成先生贈送台大圖書館贈書清單

編號	收到刊名	著者	出版者	出版年	冊數
1	八十樽記(上)(下)	龐慎言	龐大弼	2004	2
2	詩藝浩瀚	中國詩歌藝術學會	文史哲	2009	2
3	幻夢花開——江山：關於山的散山詩稿	本肇居士	文史哲	2008	2
4	迷情·奇謀·輪迴：從祖咒的局廣(一)	古晟	文史哲	2007	2
5	迷情·奇謀·輪迴：進出三界大滅絕(二)	古晟	文史哲	2009	2
6	一個軍校生的台大閒情：讓我明白心見的道場	陳福成	文史哲	2008	2
7	春秋詩選	陳福成	文史哲	2009	2
8	公主與王子的夢幻	陳福成	文史哲	2007	2
9	愛倫坡恐怖推理小說經典新選	Edgar Allan Poe	文史哲	2009	2
10	定風草	李飛鵬	長江文藝出版社	2006	1
11	退役軍人	李傳錄	湖北少年兒童出版社	2005	1
12	華嚴文學創作論文集	劉秀英	羅昇文化	2007	1
13	文學人季刊 no.2-3(2003)，4-5(2004),8(2005)	文學人季刊編輯委員會	中國文藝協會	2003-	5
14	文學人季刊革新版：no.10(2005),12(2006),13(2007)	文學人季刊編輯委員會	中國文藝協會	2005-	6
15	文學人季刊革新版：no.2(總期15期)-3(總期16期)(2008)，4(總期17期),6(總期19期)(2009)	文學人季刊編輯委員會	中國文藝協會	2008-	4
16	文學人季刊革新版：no.5(總期18期)(2009)	文學人季刊編輯委員會	中國文藝協會	2009	2
17	海岸線季刊 2007秋季號 (2007)	李家傑	中華經濟文化	2007	1
18	台灣古典詩學雙月刊 no.37 (2000 12)	邱閱南	台灣古典詩刊社	2000	1
19	青溪論壇 no.1-4(2008)	落蒂	台北市青溪新文藝學會	2008	12

陳福成先生贈送台大圖書館贈書清單

編號	收到刊名	著者	出版者	出版年	冊數
20	藝文論壇 no.1- 2(2009)	落蒂	中國詩歌藝術學會	2009	6
21	空大學訊 no.407(2008 12)，417(2009 06)		國立空中大學	2008-	2
22	漢學研究 v.25:2 (2007 12)	郭光從	漢學研究中心	2007	1
23	海鷗詩刊 no.39 (2009)		海鷗詩刊雜誌社	2009	1
24	乾坤詩刊 no.43(2007)	[乾坤詩刊]編輯委員會	乾坤詩刊雜誌社	2007	1
25	遠望 no.249-250.252 (2009)	遠望雜誌社編輯委員會	遠望雜誌社	2009	3
26	揚子江詩刊 no.3(總期54),5(總期56)(2008), 3(總期60期)-4(總期61期)(2009)		揚子江詩刊社	2008-	4
27	詩刊 no.566-567 (2009)	[詩刊社]編輯	北京詩刊社	2009	2
合計					72

國 立 臺 灣 大 學 圖 書 館
NATIONAL TAIWAN UNIVERSITY LIBRARY
臺北市 10617 大安區羅斯福路四段一號
1, Section 4, Roosevelt Road, Taipei, Taiwan 10617, R.O.C.

陳福成先生雅鑒：

頃承惠贈個人著作「一個軍校生的台大閒情」等佳籍，
計 72 冊，豐富本館館藏，至深感紉，本館將編目珍藏，
供全校師生研究閱覽。謹致寸函，藉申謝忱。

　　順　　頌

時　　祺

　　　　　　　　　　　　　臺灣大學圖書館採訪組　　敬啟

2009/10/08

國 立 臺 灣 大 學 圖 書 館

NATIONAL TAIWAN UNIVERSITY LIBRARY

臺北市 10617 大安區羅斯福路四段一號

1, Section 4, Roosevelt Road, Taipei, Taiwan 10617, R.O.C.

陳福成　先生　賜鑒：

頃承惠贈個人著作「日本問題的終極處理」等書，計參種肆冊。豐
富本館館藏，至深感謝，本館將編目珍藏，供全校師生研究閱覽。
謹致寸函，藉申謝忱。

　　順　頌

時　祺

　　　　　　　　　　　　　　國立臺灣大學圖書館館藏徵集組　敬啟

　　　　　　　　　　　　　　　　　　　　　2013/10/29

贈送書刊：

1. 日本問題的終極處理-廿一世紀中國人的天命與扶桑省建設
   要綱 [2 冊]

2. 山西芮城劉焦智【鳳梅人】報研究-論文化文學藝術交流

3. 為中華民族的生存發展進百書疏-孫大公的思想主張書函手
   稿

親愛的陳教官　增泉　您好！

非常感謝您對臺大圖書館的支持！

《臺大人文庫》目前收藏您的著作如下：

- 中國政治思想【新猷】
- 中國近代黨派發展研究新詮
- 孫子實戰經驗研究
- 非常傳銷學
- 山西芮城劉焦智《鳳梅人》報研究
- 洄游的鮭魚
- 古道・秋風・瘦筆
- 新領導與管理實務
- 治浪的鮭魚
- 五十不惑——一個軍校生的半生塵影
- 解開兩岸十大弔詭
- 男人和女人的情話真話/兩性關性的生活智慧

- 愛情故事小說選：從地獄歸來
- 三月詩會研究　春秋大業十八年
- 建漢勇士陳宏傳
- 防衛大台灣

- 國防通識1
- 國防通識1教師用書
- 國防通識2
- 國防通識2教師用書
- 國防通識3
- 國防通識3教師用書
- 國防通識4
- 我所知道的孫大公——黃埔28期孫大公研究
- 大浩劫後——日本東京都知事石原慎太郎「天譴說」溯源探解
- 第四波戰爭開山鼻祖賓拉登——及戰爭之常變研究要綱
- 臺大逸仙學會——兼論統派經營中國統一事業大戰略要綱
- 國家安全論壇
- 台灣邊陲之美
- 春秋大人行：鄭州山西之旅
- 從皈依到出家：另一種生活體驗
- 中國當代平民詩人王學忠詩歌劄記
- 中國歷代戰爭新詮

- 愛倫坡恐怖推理小說經典新選
- 公主與王子的夢幻
- 春秋詩選
- 幻夢花園——一個台大閒情
- 一個軍校生的台大閒情
- 台邊・秋風・瘦筆
- 春秋正義
- 迷情・奇謀・輪迴——就組冤死的馬腳(一)
- 迷情・奇謀・輪迴——迷出三界大滅絕(二)
- 性情世界——陸福成的情詩集
- 我最喜理想國：中國式民主政治研究要綱
- 新浪勇士陳宏傳——他和劉學慧的傳奇故事
- 在「鳳梅人」小橋上：中國山西芮城三人行
- 神劍與屠刀
- 國家安全與情治機關的弔詭
- 台北公館地區開發史

圖書館將永久珍藏您所捐贈之著作。

敬祝

平安如意

圖書館　館長　（簽名）　敬上

2012/08/20

《臺大人文庫》聯絡承辦
TEL：+886-2-3366-2295
FAX：+886-2-2363-4344
E-MAIL：chinghuicheng@ntu.edu.tw
地址：106臺北市大安區羅斯福路四段一號　臺灣大學
http://www.lib.ntu.edu.tw/MKT/NTUCollections

國立陽明大學圖書館
National Yang-Ming University Library

感　謝　函

陳福成君：

　　頃承　惠贈佳籍，內容豐富，彌足珍貴，受
領嘉惠，至紉高誼。業經拜收登錄，特此申謝。
並頌
時綏

國立陽明大學圖書館　敬啟

民國103年01月10日

計收：
爲中華民族的生存發展進百書疏等4冊...等，共4冊。

國立陽明大學圖書館
Library of National Yang-Ming University

感　謝　函

陳福成　先生：

　　頃承　惠贈佳籍，內容豐富，彌足珍貴，受領嘉惠，至紉高誼。業經拜收登錄，特此申謝。
並頌
時綏

國立陽明大學圖書館　敬啓

民國100年10月27日

計收：
台大逸仙學會、
大浩劫後...等
共5冊。

國立陽明大學圖書館
Library of National Yang-Ming University

感　謝　函

陳福成：

　　頃承　惠贈佳籍，內容豐富，彌足珍貴，受領嘉惠，至紉高誼。業經拜收登錄，特此申謝。

並頌
時綏

國立陽明大學圖書館　敬啟

民國100年03月24日

計收：
春秋正義*2、
春秋詩選…等
共28冊。

國立陽明大學圖書館
Library of National Yang-Ming University

感　謝　函

陳福成　君：

　　頃承　惠贈佳籍，內容豐富，彌足珍貴，受領嘉惠，至紉高誼。業經拜收登錄，特此申謝。
並頌
時綏

國立陽明大學圖書館　敬啟

民國101年06月01日

計收：
金秋六人行、
中國神譜...等
共5冊。

國立陽明大學圖書館
Library of National Yang-Ming University

感　謝　函

陳福成　先生：

　　頃承　惠贈佳籍，內容豐富，彌足珍貴，受領嘉惠，至紉高誼。業經拜收登錄，特此申謝。

並頌
時綏

國立陽明大學圖書館　敬啟

民國100年08月09日

計收：
孫子實戰經驗研究、
大陸政策與兩岸關係...等
共17冊。

國立陽明大學圖書館
Library of National Yang-Ming University

感　謝　函

陳福成：

　　頃承　惠贈佳籍，內容豐富，彌足珍貴，受領嘉惠，至紉高誼。業經拜收登錄，特此申謝。
並頌
時綏

國立陽明大學圖書館　敬啓

民國100年06月07日

計收：
我所知道的孫大公*2、
在鳳梅人小橋上...等
共5冊。

國立陽明大學圖書館
National Yang-Ming University Library

感　　謝　　函

陳福成　君：

　　頃承　惠贈佳籍，內容豐富，彌足珍貴，受領嘉惠，至紉高誼。業經拜收登錄，特此申謝。
並頌
時綏

國立陽明大學圖書館　敬啟

民國101年11月09日

計收：
西洋政治思想史概述、
政治學方法論概說...等
共6冊。

敬啟者

承蒙惠贈佳籍《金秋之旅－貴州山西之旅寫真集》一冊

豐富本館館藏，嘉惠莘莘學子，助益本校教學研究。深紉厚意，謹此申謝，今後尚祈

源源惠賜，无感為荷。

此致

陳福成 先生

國立政治大學圖書館 敬啟

民國 101 年 3 月 3 日

敬啟者

承蒙惠贈佳籍《三月詩會研究》25種28冊

豐富本館館藏，嘉惠莘莘學子，助益本校教學研究。深紉厚意，謹此申謝，今後尚祈

源源惠賜，无感為荷。

此致

陳福成 先生

國立政治大學圖書館 敬啟

民國100年 2 月 22 日

敬啟者

承蒙惠贈佳構《政治學方法論徹底導6種6研》

豐富本館館藏，嘉惠莘莘學子，助益本校教學研究。深紉厚意，謹此申謝，今後尚祈

源源惠賜，尤感為荷。

此致

陳福成　先生

國立政治大學圖書館　敬啟

民國 101 年 11 月 6 日

敬啟者

承蒙惠贈佳構《迷航記等七冊》

豐富本館館藏，嘉惠莘莘學子，助益本校教學研究。深紉厚意，謹此申謝，今後尚祈

源源惠賜，尤感為荷。

此致

陳福成先生

國立政治大學圖書館　敬啟

民國 103 年 2 月 14 日

東吳大學圖書館
Soochow University Library

感　謝　函

福成先生道鑒：頃承

惠贈《中國神譜：中國民間宗教信仰之
理論與實務》等圖書五冊，至感盛意。
本館將分類、編目並妥為典藏，供師生
閱覽。謹此申謝。並頌
時祺

2012年05月08日

東吳大學圖書館　　　　　　　　　　　　謹啟

東吳大學圖書館
Soochow University Library

感　謝　函

福成先生鈞鑒：頃承

　　承蒙惠贈大著予本館，嘉惠學子；現已將所需的圖書清冊隨函附件，煩請各惠贈一本；本館將妥善保存，並供閱覽使用，謹此申謝。並頌

時祺

　　　　　　請寄至台北市士林區臨溪路７０號

　　　　　　東吳大學圖書館採錄組　　（贈書）

　　　　東吳大學圖書館　　　　　　　　　　謹啟

TEL：２８８１９４７１分機５１７２

中華民國９８年１２月１６日

　　　　　　承辦人：陳育菁

國 立 臺 灣 師 範 大 學 圖 書 館

National Taiwan Normal University Library

謝　函

敬啟者：頃承

　　惠贈佳籍，內容豐富，裨益館藏充實，嘉惠學子，謹申謝忱。

今後如蒙源源分溉，尤為感荷。

　　此致

陳福成先生

計收：

「三月詩會研究：春秋大業十八年」等書共 2 冊

國立臺灣師範大學圖書館　敬啟

中華民國一〇〇年三月一日

國立臺灣師範大學圖書館
National Taiwan Normal University Library

感　謝　函

陳先生福成：頃承

　　惠贈佳籍，內容豐富，裨益館藏充實，嘉惠學子，至紉高誼。

　特申謝忱　並頌

　　時綏

計收：

「讀詩稗記」、「與君賞玩天地寬」、「古晟的誕生」、「臺中開發史」、

「嚴謹與浪漫之間」計5冊

國立臺灣師範大學圖書館　敬啟

中華民國一〇二年五月十三日

國 立 臺 灣 師 範 大 學 圖 書 館

National Taiwan Normal University Library

謝　函

敬啟者：頃承

　　惠贈佳籍，內容豐富，裨益館藏充實，嘉惠學子，謹申謝忱。

今後如蒙源源分溉，尤為感荷。

　　此致

陳福成先生

計收：

「春秋詩選」等書共 4 冊

國立臺灣師範大學圖書館　敬啟

中華民國一○○年八月三十一日

國 立 臺 灣 師 範 大 學 圖 書 館

National Taiwan Normal University Library

謝　　函

敬啟者：頃承

　　惠贈佳籍，內容豐富，裨益館藏充實，嘉惠學子，謹申謝忱。

今後如蒙源源分溉，尤為感荷。

　　　　此致

陳福成先生

　　計收：

「找尋理想國：中國式民主政治研究要綱」等書　共 4 冊

　　　　　　　　　　　　國立臺灣師範大學圖書館　敬啟

　　　　　　　　　　　中華民國一○○年五月二十三日

國 立 臺 灣 師 範 大 學 圖 書 館
National Taiwan Normal University Library

謝　函

敬啟者：頃承

　　惠贈佳籍，內容豐富，裨益館藏充實，嘉惠學子，謹申謝忱。

今後如蒙源源分溉，尤為感荷。

　　此致

陳先生福成

計收：

　　「春秋正義」等七冊·過期期刊七冊

國立臺灣師範大學圖書館　敬啟

九十八年十二月二十八日

國 立 臺 灣 師 範 大 學 圖 書 館

National Taiwan Normal University Library

索贈書單計六冊：

. 孫子實戰經驗研究　　　　1 冊
. 中國歷代戰爭新詮　　　　1 冊
. 中國四大兵法家新詮　　　1 冊
. 國家安全論壇　　　　　　1 冊
. 性情世界—陳福成情詩選　1 冊
. 新領導與管理實務　　　　1 冊

資料請逕寄「10610 臺北市和平東路一段 129 號
國立臺灣師範大學圖書館採編組」。

國立臺灣師範大學圖書館

National Taiwan Normal University Library

謝　函

敬啟者：頃承

　　惠贈佳籍，內容豐富，裨益館藏充實，嘉惠學子，謹申謝忱。

今後如蒙源源分溉，尤為感荷。

　　　此致

陳先生福成

計收：

「春秋詩選」等十八冊

　　　　　國立臺灣師範大學圖書館　　敬啟

　　　　　九十九 年 一 月 五 日

國立臺灣師範大學圖書館

National Taiwan Normal University Library

感 謝 函

陳先生福成：頃承

惠贈佳籍，內容豐富，裨益館藏充實，嘉惠學子，至紉高誼。

特申謝忱 並頌

時綏

計收：

「日本問題的終極處理」、「山西芮城劉焦智<<鳳梅人>>報研究」、

「為中華民族的生存發展進百書疏」計 4 冊

國立臺灣師範大學圖書館 敬啟

中華民國一○二年九月二十四日

國 立 臺 灣 師 範 大 學 圖 書 館

National Taiwan Normal University Library

感　謝　函

陳先生福成：頃承

　　惠贈佳籍，內容豐富，裨益館藏充實，嘉惠學子，至紉高誼。

業經拜收登錄，編目珍藏後，即可供眾閱覽，特申謝忱　並頌

時綏

計收：

「政治學方法論概說」、「西洋政治思想史概述」、「最自在的是彩霞」、

「臺灣邊陲之美」、「大浩劫後」、「我們的春秋大業」計六冊

國立臺灣師範大學圖書館　敬啟

中華民國一〇一年十一月十三日

福成先生鈞鑒：

　　頃承惠贈下列書刊：《《政治學方法論概說》》、《《臺灣邊陲之美　行腳誦詩．跫音歌唱》》、《《我們的春秋大業　三月詩會二十年別集》》等圖書共六冊，深感厚意。除登錄編目善為珍藏以供參閱外，謹致　謝忱。

　　　　　　　　　　　中國文化大學圖書館敬啟

　　　　　　　　　　　中華民國 101 年 11 月 6 日

陳理事福成先生鈞鑒：

　　頃承惠贈下列書刊：<<臺中開發史 兼臺中龍井陳家移臺略考>>、<<讀詩稗刊 蟾蜍山萬盛草齋文存>>、<<與君賞玩天地寬 我在傾聽你的說法>>等圖書共五冊，深感厚意。除登錄編目善為珍藏以供參閱外，謹致　謝忱。

中國文化大學圖書館　敬啟

中華民國 102 年 5 月 10 日

陳福成先生 鈞鑒：

　　荷蒙惠贈下列書刊：<<找尋理想國-中國式民主政治研究要綱>>、<<漸凍勇士陳宏傳-他和劉學慧的傳奇故事>>等圖書共4冊，深感厚意。除登錄編目善為珍藏以供參閱外，謹致　謝忱。

中國文化大學圖書館　敬啟

中華民國　100 年　5 月　23 日

陳福成先生鈞鑒：

　　頃承惠贈下列書刊：《台大逸仙學會》、《第四波戰爭開山鼻祖賓拉登》、《神劍與屠刀》等圖書共 5 冊，深感厚意。除登錄編目善為珍藏以供參閱外，謹致　謝忱。

中國文化大學圖書館　敬啟

中華民國 100 年 8 月 25 日

陳福成先生鈞鑒：

　　荷蒙惠贈下列書刊：<<頓悟學習>>、<<國家安全論壇>>、<<PHILADELPHIA>>等中、西文圖書共 31 冊，深感厚意。除登錄編目善為珍藏以供參閱外，謹致　謝忱。

中國文化大學圖書館　敬啟

中華民國　100　年　2　月　21　日

陳福成先生鈞鑒：

　　頃承惠贈下列書刊：<<中國神譜>>、<<台北公館地區開發史>>、<<金秋六人行>>等圖書共五冊，深感厚意。除登錄編目善為珍藏以供參閱外，謹致　謝忱。

　　　　　　　　　　中國文化大學圖書館　敬啓

　　　　　　　　　　中華民國 101 年 5 月 3 日

陳福成先生鈞鑒：

　　荷蒙惠贈下列書刊：《國家安全與戰略關係》
、《五十不惑》、《公主與王子的夢幻》等圖書共 18
冊，深感厚意。除登錄編目善為珍藏以供參閱外，謹
致　謝忱。

中國文化大學圖書館　　敬啟

中華民國 100 年 11 月 7 日

福成先生鈞鑒：

　　頃承惠贈下列書刊：<<為中華民族的生存發展進百書疏 : 孫大公的思想主張書函手稿>>、<<「日本問題」的終極處理 : 廿一世紀中國人的天命與扶桑省建設要綱>>、<<山西芮城劉焦智<<鳳梅人>>報研究 : 論文化文學藝術交流>>等圖書共四冊，深感厚意。除登錄編目善為珍藏以供參閱外，謹致　謝忱。

中國文化大學圖書館敬啟

中華民國 102 年 9 月 17 日

福成先生鈞鑒：

　　頃承惠贈下列書刊：

《《台北公館地區開發史 ： 台大.公館.講古》》、

《《幻夢花開一江山 ： 關於蟾蜍山詩稿》》、

《《性情世界 ： 陳福成情詩集》》、

《《我們的春秋大業 ： 三月詩會二十年別集》》等

圖書資料共六冊，深感厚意。除登錄編目善為珍

藏以供參閱外，謹致

謝忱。

中國文化大學圖書館 敬啟

中華民國 103 年 3 月 19 日

世新大學圖書館

逕啓者：頃承

惠贈佳籍，至紉

高誼。已編目珍藏，供眾閱覽。謹肅

蕪箋，藉申謝忱。　此致

陳福成先生

世新大學圖書館

【赤縣行腳‧神州心旅：迴盪千載的夢魂遊蹤】等書四十六冊。

世新大學
圖書館
Shih Hsin University
敬啓

中華民國九十九年二月五日

地　址：台北市（一一六）文山區木柵路一段十七巷一號
電　話：（○二）二二三六八二五轉二三六四
傳　真：（○二）二二三六○四二九
承辦人：盧曉梅
e-mail:hmlu@cc.shu.edu.tw

圖九八技贈字第○九四號

世新大學圖書館

逕啓者：頃承

惠贈佳籍，至紉

高誼。已編目珍藏，供眾閱覽。謹肅

蕪箋，藉申謝忱。　此致

陳福成先生

世新大學圖書館

【男人和女人的情話真話：兩性關係的生活智慧】等書五冊。

中華民國九十九年十二月九日

世新大學圖書館　敬啓

地　　址：台北市（一一六）文山區木柵路一段十七巷一號
電　　話：（〇二）二二三六八一一五轉二二六四
傳　　真：（〇二）二三六〇四二九
承辦人：盧曉梅
e-mail:hmlu@cc.shu.edu.tw

圖九九技贈字第〇五二號

世新大學圖書館

逕啟者：頃承

惠贈佳籍，至紉

高誼。已編目珍藏，供眾閱覽。謹肅

蕪箋，藉申謝忱。　此致

陳福成先生

世新大學圖書館

【迷情、奇謀、輪迴】等書二冊。

中華民國一〇〇年三月一日

世　新　大　學
圖　書　館
Shih Hsin University

敬啟

地　址：台北市（一一六）文山區木柵路一段十七巷一號
電　話：（〇二）二二三六八二五轉二二六四
傳　真：（〇二）二二三六〇四二九
承辦人：盧曉梅
e-mail:hmlu@cc.shu.edu.tw

圖九九技贈字第〇八七號

世 新 大 學

11604 台北市文山區木柵路一段十七巷一號

收 件 者：	**陳福成君**	寄件者：	施卓群
(單位名稱)		(本案承辦人)	(圖書館員)

電　話：		日　期：	98 年 12 月 18 日 14:10
傳　真：		電　話：	02-2236-8225 轉 2263
行　動：		E-mail：	Cdshih@cc.shu.edu.tw
地　址：	116 台北市文山區萬盛街	傳真號碼：	02-2236-0429
	74-1 號 2 樓		

陳先生您好：

請惠贈您之著作(如台端作品清單)各二本　予本館為荷！

收件者：世新大學圖書館 施卓群

地　址：11604 台北市文山區木柵路一段十七巷一號

※可賜電飭本館開車自行前來提領

電話：2236-8225#2263　施卓群

謹祝文安

謝謝您

世新大學圖書館

敬啟者：頃承

惠贈佳籍，至紉

高誼。已編目珍藏，供眾閱覽。謹肅

蕪箋，藉申謝忱。　此致

陳福成先生

世新大學圖書館

【從皈依到短期出家】等書五冊。

中華民國一〇一年五月二日

世新大學
圖書館
Shih Hsin University

敬啟

地　址：台北市（一一六）文山區木柵路一段十七巷一號
電　話：（〇二）二二三六八二五轉二三二六
傳　真：（〇二）二二三六〇四二九
承辦人：盧曉梅
e-mail:hmlu@cc.shu.edu.tw

館書圖學大新世

敬啓者：頃承

惠贈佳籍，至紉

高誼。已編目珍藏，供眾閱覽。謹肅

蕪箋，藉申謝忱。　此致

陳福成先生

世新大學圖書館　敬啓

中華民國一〇二年五月九日

【古晟的誕生】等書五冊。

電　話：（〇二）二二三六八二五轉二二六四
傳　真：（〇二）二二三六〇四二九
承辦人：盧曉梅　e-mail:hmlu@cc.shu.edu.tw

圖一〇一技贈字第一三二號

世新大學圖書館

敬啟者：頃承

惠贈佳籍，至紉

高誼。已編目珍藏，供眾閱覽。謹肅

蕪箋，藉申謝忱。　此致

陳福成先生

【最自在的是彩霞】等書六冊。

世新大學圖書館　敬啟

圖一○一技贈字第○三六號

中華民國一○一年十一月五日

地　　址：台北市（一一六）文山區木柵路一段十七巷一號
電　話：（〇二）二二三六八五轉二三六四
傳　真：（〇二）二二三六○四二九
承辦人：盧曉梅
e-mail:hmlu@cc.shu.edu.tw

世新大學圖書館

逕啓者：頃承

惠贈佳籍，至紉

高誼。已編目珍藏，供眾閱覽。謹肅

蕪箋，藉申謝忱。　此致

陳福成先生

世新大學圖書館

【春秋記實】等書五冊。

中華民國一○○年八月三十日

世新大學
圖書館
Shih Hsin University
敬啓

地　址：台北市（一一六）文山區木柵路一段十七巷一號

電　話：（○二）二二三六三一五五轉二二六三

傳　真：（○二）二二三六○四一九

承辦人：盧曉梅

e-mail:hmilu@cc.shu.edu.tw

圖一○○技贈字第○一四號

世新大學圖書館

敬啓者：頃承

惠贈佳籍，至紉

高誼。已編目珍藏，供眾閱覽。謹肅

蕪箋，藉申謝忱。此致

陳福成先生

世新大學圖書館

【迷航記】等書四冊。

中華民國一○二年九月十六日

圖一○二技贈字第○二三號

電　話：(○二)二三三六八一二五轉二三六四
傳　真：(○二)二二三六○四三九
承辦人：盧曉梅
e-mail:hmlu@cc.shu.edu.tw

景文科技大學
新北市新店區安忠路99號
JINWEN UNIVERSITY OF SCIENCE AND TECHNOLOGY
No.99, Anzhong Rd., Xindian Dist., New Taipei City 23154, Taiwan (R.O.C.)
TEL.:(02)8212-2000 (代表號)　　FAX:(02)8212-2873
http://www.just.edu.tw

贈書感謝函

景大福獎字第1021572號

陳福成先生　道鑒：

　　102年9月16日承蒙授贈圖書(含光碟) 4冊/件，厚實館藏、嘉惠師生，深紉厚意，不勝感禱，特致謝忱！

　　耑此

　　　　敬　頌

　時　祺

景文科技大學圖資處　　　　敬啟

102年10月11日

景 文 科 技 大 學

新北市新店區安忠路99號

JINWEN UNIVERSITY OF SCIENCE AND TECHNOLOGY

No.99, Anzhong Rd., Xindian Dist., New Taipei City 23154, Taiwan (R.O.C.)

TEL:(02)8212-2000（代表號）　FAX:(02)8212-2873

http://www.just.edu.tw

陳福成先生道鑒：

101 年 5 月 17 日頃蒙惠贈圖書 6 冊，本

館將納入館藏。承蒙嘉惠師生，深紉厚意，

不勝感禱，謹申謝忱。　耑此

　敬 頌

時 祺

　　　景文科技大學圖書館　　敬啟

中 華 民 國 1 0 1 年 6 月 1 日

陳福成先生道鑒：

　　承蒙　惠贈『頓悟學習』等圖書42冊，深感厚意，謹致謝忱。今

後尚祈源源惠賜，以增輝我館典藏為禱。耑此

　　敬頌

時祺

　　　　　　　　　　　　淡江大學覺生紀念圖書館 敬啟

　　　　　　　　　　　　中華民國一○○年十一月二日

聯絡人：林怡軒小姐

電話：886-2-26215656#2148

傳真：886-2-26209918

E-Mail：yihsuan@mail.tku.edu.tw

陳福成先生道鑒：

　承蒙　惠贈『漸凍勇士陳宏傳：他和劉學慧的傳奇故事』等圖書4冊，深感厚意，謹致謝忱。今後尚祈源源惠賜，以增輝我館典藏為禱。耑此

　　敬頌

時祺

淡江大學覺生紀念圖書館 敬啟

中華民國一○○年五月二十三日

聯絡人：林怡軒小姐

電話：886-2-26215656#2148

傳真：886-2-26209918

E-Mail：yihsuan@mail.tku.edu.tw

陳福成先生/小姐道鑒：

　承蒙　惠贈『中國當代平民詩人王學忠詩歌劄記』等圖書5

冊，深感厚意，謹致謝忱。今後尚祈源源惠賜，以增輝我館典藏為

禱。耑此

　　敬頌

時祺

淡江大學覺生紀念圖書館 敬啟

中華民國 101 年 6 月 7 日

聯絡人：林怡軒小姐

電話：886-2-26215656#2148

傳真：886-2-26209918

E-Mail：yihsuan@mail.tku.edu.tw

陳福成先生道鑒：

　承蒙　惠贈『公主與王子的夢幻』等圖書 5 冊，深感厚意，謹致

謝忱。今後尚祈源源惠賜，以增輝我館典藏為禱。耑此

　　敬頌

時祺

淡江大學覺生紀念圖書館　敬啟

中華民國一〇〇年九月二十一日

聯絡人：林怡軒小姐

電話：886-2-26215656#2148

傳真：886-2-26209918

E-Mail：yihsuan@mail.tku.edu.tw

陳先生：您好！

　　大作『國家安全與情治機關的弔詭』等書，內容精闢，深具參考價值，懇請　惠贈本館各二冊，俾便庋藏，提供眾覽。如蒙應允，請逕寄聯絡人。耑此

　　敬頌

時祺

覺生紀念圖書館　敬啟
九十八年十二月十四日

　　聯絡人：梁鴻栩　先生
　　電　話：(02)26215656 轉 2148
　　傳　真：(02)26209918
　　E-mail　：arsh@mail.tku.edu.tw

陳福成先生/小姐道鑒：

　　承蒙　惠贈『三月詩會研究：春秋大業十八年』等圖書2冊，深

感厚意，謹致謝忱。今後尚祈源源惠賜，以增輝我館典藏為禱。耑

此

　　敬頌

時祺

淡江大學覺生紀念圖書館　敬啟

中華民國一〇〇年三月四日

聯絡人：林怡軒小姐

電話：886-2-26215656#2148

傳真：886-2-26209918

E-Mail：yihsuan@mail.tku.edu.tw

陳福成先生道鑒：

　　承蒙 惠贈『西洋政治思想史概述』等圖書6冊，深感厚意，謹

致謝忱。今後尚祈源源惠賜，以增輝我館典藏為禱。耑此

　　敬頌

時祺

淡江大學覺生紀念圖書館 敬啟

中華民國101年12月11日

聯絡人：林怡軒小姐

電話：886-2-26215656#2148

傳真：886-2-26209918

E-Mail：yihsuan@mail.tku.edu.tw

陳福成先生/小姐道鑒：

　承蒙　惠贈『古晟的誕生』等圖書5冊，深感厚意，謹致謝忱。

今後尚祈源源惠賜，以增輝我館典藏為禱。耑此

　　敬頌

時祺

淡江大學覺生紀念圖書館　敬啟

中華民國 102 年 6 月 5 日

聯絡人：林怡軒小姐

電話：886-2-26215656#2148

傳真：886-2-26209918

E-Mail：yihsuan@mail.tku.edu.tw

陳福成先生/小姐道鑒：

　　承蒙　惠贈『西洋政治思想史概述』等圖書共6冊，深感厚意，

謹致謝忱。今後尚祈源源惠賜，以增輝我館典藏為禱。耑此

　　　敬頌

時祺

淡江大學覺生紀念圖書館 敬啟

中華民國 103 年 4 月 30 日

聯絡人：林怡軒小姐

電話：886-2-26215656#2148

傳真：886-2-26209918

E-Mail：yihsuan@mail.tku.edu.tw

敬啟者您好：

　　我們是國立清華大學圖書館館員，關於提供個人著作予本校圖書館，我們竭誠歡迎並感謝。身為圖書館服務的人員來說，您的支持是我們源源不絕服務的動力。如若數量許可，清單所附書目請各贈送乙冊，裨益我們典藏。

　　有關贈書與本館之任何其他問題，歡迎隨時與我們聯絡。

國立清華大學圖書館採編組　　敬啟

業務聯絡人：賴小姐

聯絡電話：03-5742239

地址：30013 新竹市光復路二段 101 號（清華大學圖書館賴小姐啟）

國立清華大學圖書館
National Tsing Hua University Library

編號	書名
3	防衛大台灣：台海安全與三軍戰略大佈局
6	解開兩岸 10 大弔詭
9	尋找一座山：陳福成創作集
13	五十不惑：一個軍校生的半生塵影
19	春秋記實：台灣地區獨派執政的觀察與批判
23	新領導與管理實務：新叢林時代領袖群倫的政治智慧
24	一個軍校生的台大閒情
25	春秋正義
26	頓悟學習
27	公主與王子的夢幻
28	幻夢花開一江山
31	春秋詩選
32	愛倫坡恐怖推理小說經典新選
37	山西芮城劉焦智《鳳梅人》報研究
39	八方風雲.性情世界：陳福成詩集
41	赤縣行腳.神州心旅：迴盪千載的夢魂遊蹤

國立交通大學圖書館
National Chiao Tung University Library

1001 Ta Hsueh Rd, Hsinchu, Taiwan, 300, R.O.C.　300新竹市大學路1001號　Tel:886-3-5712121　Fax:886-3-5718925

陳福成先生鈞鑒：

　承蒙 惠贈圖書《嚴謹與浪漫之間：范揚松生涯轉折與文學風華》等 5 冊，深紉厚意。其增益本館館藏，嘉惠本校師生，貢獻良多，除登錄編目妥為珍藏，供眾研閱外，特函申謝。今後如蒙源源分溉，尤為感荷。

　　　　交通大學圖書館 敬啟

國立交通大學圖書館
National Chiao Tung University Library

1001 Ta Hsueh Rd, Hsinchu, Taiwan, 300, R.O.C.　300新竹市大學路1001號　Tel:886-3-5712121　Fa:

陳先生福成鈞鑒：

　　承蒙　惠贈圖書 5 冊，深紉厚意。其增益本館
館藏，嘉惠本校師生，貢獻良多，除登錄編目
妥為珍藏，供眾研閱外，特函申謝。今後如蒙
源源分溉，尤為感荷。

計開

1. 找尋理想國：中國式民主政治研究要綱 1 冊
2. 我所知道的孫大公：黃埔 28 期孫大公研究
　　2 冊
3. 漸凍勇士陳宏傳：他和劉學慧的傳奇故事
　　1 冊
4. 在「鳳梅人」小橋上：中國山西芮城三人行
　　1 冊

　　　　　　交通大學圖書館　　　　敬啟

國立交通大學圖書館
National Chiao Tung University Library

1001 Ta Hsueh Rd, Hsinchu, Taiwan, 300, R.O.C.　300新竹市大學路1001號　Tel:886-3-5712121　Fax:886-3-5718925

陳先生福成鈞鑒：

　　承蒙 惠贈圖書2冊，深紉厚意。其增益本館
館藏，嘉惠本校師生，貢獻良多，除登錄編目
妥為珍藏，供眾研閱外，特函申謝。今後如蒙
源源分溉，尤為感荷。

————————————————————

計開

1.　迷情.奇謀.輪迴　1冊
2.　三月詩會研究 : 春秋大業十八年　1冊

交通大學圖書館　敬啟

國立交通大學圖書館
National Chiao Tung University Library

1001 Ta Hsueh Rd, Hsinchu, Taiwan, 300, R.O.C.　300新竹市大學路1001號　Tel:886-3-5712121　Fax

陳先生福成鈞鑒：

　　承蒙 惠贈圖書5冊，深紉厚意。其增益本館館藏，嘉惠本校師生，貢獻良多，除登錄編目妥為珍藏，供眾研閱外，特函申謝。今後如蒙源源分溉，尤為感荷。

計開

1.　金秋六人行：鄭州山西之旅　1冊
2.　中國神譜　1冊
3.　迷情、奇謀、輪迴：被詛咒的島嶼(一)　1冊
4.　從皈依到短期出家　1冊
5.　中國當代平民詩人王學忠詩歌劄記　1冊

　　　　　　　　交通大學圖書館　敬啟

國立交通大學圖書館
National Chiao Tung University Library

1001 Ta Hsueh Rd, Hsinchu, Taiwan, 300, R.O.C.　300新竹市大學路1001號　Tel:886-3-5712121　Fax:

陳先生福成鈞鑒：

　　承蒙　惠贈圖書《男人和女人的情話真話：兩
性關係的生活智慧》等4冊，深紉厚意。其增
益本館館藏，嘉惠本校師生，貢獻良多，除登
錄編目妥為珍藏，供眾研閱外，特函申謝。今
後如蒙源源分溉，尤為感荷。

交通大學圖書館　敬啟

國立交通大學圖書館
National Chiao Tung University Library

1001 Ta Hsueh Rd, Hsinchu, Taiwan, 300, R.O.C.　300新竹市大學路1001號　Tel:886-3-5712121　Fa

陳先生福成鈞鑑：

　　承蒙　惠贈圖書《中國歷代戰爭新詮》等
23冊，深紉厚意。其增益本館館藏，嘉惠本校師
生，貢獻良多，除登錄編目妥為珍藏，供眾研閱
外，特函申謝。今後如蒙源源分溉，尤為感荷。

交通大學圖書館　敬啟

國立交通大學圖書館
National Chiao Tung University Library
1001 Ta Hsueh Rd, Hsinchu, Taiwan, 300, R.O.C.　300新竹市大學路1001號　Tel:886-3-5712121　Fax

陳先生福成鈞鑑：

　　承蒙　惠贈圖書，深紉厚意．本館經查核複本後，欲索贈圖書書目與數量，請參閱附件．

本館資訊如下：

收件地址：300 新竹市大學路 1001 號

收件者：交大圖書館採編組

　　　　　　　　　交通大學圖書館　　　　敬啟

國立交通大學圖書館
National Chiao Tung University Library
1001 Ta Hsueh Rd, Hsinchu, Taiwan, 300, R.O.C.　300新竹市大學路1001號　Tel:886-3-5712121　Fax

陳先生福成鈞鑒：

　　承蒙　惠贈圖書《西洋政治思想史概述》等 6 冊，深紉厚意。熱心教育，嘉惠學子，特函申謝。

　　　　　　　　　交通大學圖書館　　　　敬啟

國立交通大學圖書館
National Chiao Tung University Library

1001 Ta Hsueh Rd, Hsinchu, Taiwan, 300, R.O.C.　300新竹市大學路1001號　Tel:886-3-5712121　Fax

陳先生福成鈞鑒：

　　承蒙 惠贈圖書5冊，深紉厚意。其增益本館館藏，嘉惠本校師生，貢獻良多，除登錄編目妥為珍藏，供眾研閱外，特函申謝。今後如蒙源源分溉，尤為感荷。

計開

1. 公主與王子的夢幻 1冊
2. 第四波戰爭開山鼻祖賓拉登－及戰爭之常變研究要綱 1冊
3. 台大逸仙學會 1冊
4. 迷情・奇謀・輪迴－被詛咒的島嶼（一）1冊
5. 大浩劫後：日本東京都知事石原慎太郎「天譴說」溯源探解 1冊

　　　　　　　　　交通大學圖書館　　敬啟

國立台東大學圖書館
National Taitung University Library

感　謝　函

陳福成　　先生/小姐：頃承

惠贈佳籍，內容豐富，彌足珍貴，受領嘉惠，至紉
高誼。業經拜收登錄，編目珍藏後，即可供眾閱覽。
特此申謝。　並頌

時綏

　　　　　　國立台東大學圖書館　　　　敬啟

計收：

序號	書名	數量	資料型態	備註
1.	中國神譜-中國民間宗教信仰之理論與實務	1	圖書	
2.	中國當代平民詩人王學忠詩歌劄記	1	圖書	
3.	金秋六人行-鄭州山西之旅	1	圖書	
‧‧‧等，計5筆，共5冊(件)。				
(詳細查詢網址: http://210.240.175.26/donation/dbs.asp?id=1922&f=1&n=101080130)				

列印日期: 2012/08/10

國立台東大學圖書館
National Taitung University Library

感　謝　函

陳福成　　先生/小姐：頃承

惠贈佳籍，內容豐富，彌足珍貴，受領嘉惠，至紉
高誼。業經拜收登錄，編目珍藏後，即可供眾閱覽。
特此申謝。　並頌

時綏

國立台東大學圖書館　敬啟

計收：

序號	書名	數量	資料型態	備註
1.	在「鳳梅人」小橋上:中國山西芮城三人行	1	圖書	
2.	我所知道的孫大公:黃埔27期孫大公研究	1	圖書	
3.	找尋理想國:中國式民主政治研究要綱	1	圖書	

‧‧‧等，計4筆，共4冊(件)。
(詳細查詢網址: http://210.240.175.26/donation/dbs.asp?id=1922&f=1&n=100050036)

列印日期: 2011/05/27

國立台東大學圖書館
National Taitung University Library

感　謝　函

陳福成　　先生/小姐：頃承

惠贈佳籍，內容豐富，彌足珍貴，受領嘉惠，至紉

高誼。業經拜收登錄，編目珍藏後，即可供眾閱覽。

特此申謝。　並頌

時綏

國立台東大學圖書館 敬啟

計收：

序號	書名	數量	資料型態	備註
1.	一個軍校生的台大閒情	1	圖書	
2.	三月詩會研究:春秋大業十八年	1	圖書	
3.	山西芮城劉焦智<鳳梅人>報研究	1	圖書	

・・・等，計 17 筆，共 17 冊(件)。
(詳細查詢網址: http://210.240.175.26/donation/dbs.asp?id=1922&f=1&n=100040031)

列印日期: 2011/04/28

國立台東大學圖書館
National Taitung University Library

感　謝　函

陳福成　　先生/小姐：頃承

惠贈佳籍，內容豐富，彌足珍貴，受領嘉惠，至紉

高誼。業經拜收登錄，編目珍藏後，即可供眾閱覽。

特此申謝。　並頌

時綏

國立台東大學圖書館 敬啟

計收：

序號	書名	數量	資料型態	備註
1.	一個軍校生的台大閒情	1	圖書	
2.	五十不惑：一個軍校生的半生塵影	1	圖書	
3.	台大逸仙學會	1	圖書	

‧‧‧等，計 5 筆，共 5 冊(件)。

(詳細查詢網址：http://210.240.175.26/donation/dbs.asp?id=1922&f=1&n=100090051)

列印日期：2011/09/29

感　謝　函

陳福成　　先生/小姐：頃承

惠贈佳籍，內容豐富，彌足珍貴，受領嘉惠，至紉
高誼。業經拜收登錄，編目珍藏後，即可供眾閱覽。
特此申謝。　並頌
時綏

國立台東大學圖書館 敬啟

計收：

序號	書名	數量	資料型態	備註
1.	大浩劫後：日本東京都知事石原慎太郎「天譴說」溯源探解	1	圖書	
2.	西洋政治思想史概述	1	圖書	
3.	我們的春秋大業：三月詩會二十年別集	1	圖書	
‧‧‧等，計 6 筆，共 6 冊(件)。				
(詳細查詢網址: http://210.240.175.26/donation/dbs.asp?id=1922&f=1&n=101120077)				

國立中央大學圖書館

陳先生福成道鑒：

承　贈佳籍一批惠及學子，深感關切學校
之至意，慨捐之圖書由圖書館編目并珍藏
外，特申謝忱。

順頌　時祺

國立中央大學圖書館　謹啟
中華民國 99 年 1 月 18 日

國立中央大學圖書館

陳福成先生道鑒：茲悉

　陳福成先生著作，內容豐富，亞具學術研究價值，因本校師生之研究所需，爰特函請惠贈，俾充實本館館藏。倘蒙惠允，無任感荷。

索贈書籍資料如下：

中國歷代戰爭新詮lf陳福成著
中國政治思想新詮lf陳福成著
中國四大兵法家新詮lf陳福成著
中國近代黨派發展研究新詮lf陳福成著
春秋圖鑑：回頭看中國近代百年史lf陳福成著
歷史上的三把利刃le 部落主義、種族主義與民族主義lf陳福成著
性情世界le 陳福成情詩集lf陳福成
新領導與管理實務ld 新叢林時代領袖群倫的智慧lf陳福成著

國立中央大學圖書館　　　　謹啟

民國 9 8 年 12 月 22 日

承辦人：張璧華小姐

國立中央大學圖書館採編組

Tel: 03-4227151　ext. 57414

Fax: 03-4257375

陳福成先生　惠鑒：

　　荷蒙 10 年 9 月惠贈珍貴圖書 4 冊，不惟裨益於本校圖書館館藏之充實，且嘉惠本校師生良多。所贈圖書，業已分編上架，以供讀者閱覽。隆情高誼，特此致謝。

專此　併頌

　　　　時祺

　　　　　　　國立暨南國際大學圖書館　敬上

陳福成　先生　惠鑒：

　　荷蒙 pp 年 8 月惠贈珍貴圖書 刈 冊，不惟裨益於本校圖書館館藏之充實，且嘉惠本校師生良多。所贈圖書，業已分編上架，以供讀者閱覽。隆情高誼，特此致謝。

專此　併頌

　　　　時祺

　　　　　　　國立暨南國際大學圖書館　敬上

陳福成　先生　惠鑒：

　　荷蒙 pp 年 12 月惠贈珍貴圖書 3 冊，不惟裨益於本校圖書館館藏之充實，且嘉惠本校師生良多。所贈圖書，業已分編上架，以供讀者閱覽。隆情高誼，特此致謝。

專此　併頌

　　　　時祺

　　　　　　　國立暨南國際大學圖書館　敬上

陳福成 惠鑒：

荷蒙100年5月惠贈珍貴圖書4冊，不惟裨益於本校圖書館館藏之充實，且嘉惠本校師生良多。所贈圖書，業已分編上架，以供讀者閱覽。隆情高誼，特此致謝。

專此 併頌

時祺 吳幼麟

國立暨南國際大學圖書館 敬上

感恩的心 感謝有你 花開花落 我依然會珍惜

Http://www.library.ncnu.edu.tw/literature_tw/ Http://www.library.ncnu.edu.tw/reading/

陳福成 先生惠鑒：

荷蒙100年8月惠贈珍貴圖書5冊，不惟裨益於本校圖書館館藏之充實，且嘉惠本校師生良多。所贈圖書，業已分編上架，以供讀者閱覽。隆情高誼，特此致謝。

專此 併頌

時祺

國立暨南國際大學圖書館 敬上

國立暨南國際大學
National Chi Nan University

南投縣埔里鎮大學路1號　No.1, University Rd., Puli, Nantou
電話：(049)2910960　County 54561, Taiwan(ROC)
傳真：(049)2910413　TEL:886-49-2910960 FAX:886-49-2910413

陳先生您好：

　　欣聞您的大作將分享於社會大眾，國立暨南大學圖書館有幸根據館藏發展政策審核檢本後，挑選您的著作29冊，詳如附件勾選。(\/)

　　感謝您慷慨捐贈！！

敬祝　平安　書業

暨南大學圖書館
採編組　賴坤玉　敬上
民國99年8月10日

收件單位：545南投縣埔里鎮大學路500號
　　　　　國立暨南國際大學圖書館
　　　　　賴坤玉　先生
　　　　　(電話：049 2910960 # 4333)

國立東華大學圖書館
National Dong Hwa University Library

1-20. Sec. 2, Da Hsueh Rd.,
Shoufeng, Hualien 97401, Taiwan, R.O.C.
TEL：+886-3-863-2835 Hsiu-Man Lin
FAX：+886-3-863-2800
http://www.lib.ndhu.edu.tw
E-mail：lsm@mail.ndhu.edu.tw

97401 花蓮縣壽豐鄉
大學路二段 1-20 號
電話：(03)863-2835 林秀滿小姐
傳真：(03)863-2800
http://www.lib.ndhu.edu.tw
E-mail：lsm@mail.ndhu.edu.tw

陳福成先生：

　　您好！

　　承蒙　惠贈《從皈依到短期出家》等圖書五冊，嘉惠本校師生，助益良多。特函申謝。

　　敬　　祝

平　　安

國立東華大學圖書館

101 年 5 月 2 日

採　編　組
林秀滿小姐
電話：03-8632835

正本

檔　號：
保存年限：

南華大學　函

地址：62249嘉義縣大林鎮南華路一段55號
承辦人：徐淑敏
電話：(05)2721001分機1410
Email: smhsu@mail.nhu.edu.tw

受文者：陳福成先生

發文日期：中華民國99年12月29日
發文字號：南華圖字第0991200703號
速別：普通件
密等及解密條件或保密期限：普通
附件：陳福成重要著編譯作品（南華大學索贈清單）--Excel電子檔

主旨：懇請　惠賜台端所出版之圖書(清單如附件)，以擴充本校
　　　圖書館館藏，嘉惠學子，敬請　惠允。

說明：

　一、依　台端99年12月來函辦理。

　二、贈書收件人聯絡方式：62249嘉義縣大林鎮南華路一段55
　　　號 南華大學圖書館 徐淑敏小姐，聯絡電話
　　　：(05)2721001分機1410。

正本：陳福成先生
副本：本校圖書館

校長　陳淼勝

南華大學圖書館感謝狀

南華圖謝外字第 1000501 號

　　茲感謝陳福成先生　惠贈圖書「找尋理想國：中國式民主政治研究要綱」等四冊，獎掖學術，功在士林，謹致謝忱。

南華大學圖書館
館長　　謹上

中華民國 100 年 5 月 23 日

南華大學圖書館感謝狀

南華圖謝外字第 1000501 號

　　茲感謝陳福成先生　惠贈圖書「找尋理想國：中國式民主政治研究要綱」等四冊，獎掖學術，功在士林，謹致謝忱。

南華大學圖書館
館長　　　謹上

中華民國 100 年 5 月 23 日

敬啟者

承蒙貴單位惠贈 政治學 方法論概說共 6 冊

本館將編目珍藏 嘉惠學子 專此申致謝

意。爾後仍請繼續支持贈予。

敬祝

福慧增長

南華大學圖書館敬上

民國 101 年 11 月 6 日

敬啟者

承蒙貴單位惠贈 與君賞玩天地寬共5冊
本館將編目珍藏　嘉惠學子　專此申致謝
意。爾後仍請繼續支持贈予。

　　敬祝

福慧增長

南華大學圖書館敬上

民國102年5月9日

敬啟者

承蒙貴單位惠贈　迷航記　共4冊

本館將編目珍藏　嘉惠學子　專此申致謝

意。爾後仍請繼續支持贈予。

敬祝

福慧增長

南華大學圖書館敬上

民國102年9月17日

敬啟者

承蒙貴單位惠贈 迷航記 共4冊

本館將編目珍藏 嘉惠學子 專此申致謝

意。爾後仍請繼續支持贈予。

敬祝

福慧增長

南華大學圖書館敬上

民國102年9月17日

敬啟者

承蒙貴單位惠贈「三月詩會研究」等，共二冊

本館將編目珍藏　嘉惠學子　專此申致謝

意。爾後仍請繼續支持贈予。

　　敬祝

福慧增長

南華大學圖書館敬上

民國100年3月/日

福成先生大鑒

　　十分感謝您的慷慨相贈，本館經查核藏書後，僅27種是館內沒有的收藏，敬請各贈與之冊，其中編号 ⑩ 因館內已有一冊藏書，故只需再寄贈一冊即可，非常感謝！耑此

敬頌

時祺

銘傳大學
圖書館採編組敬上
98年12月21日

陳先生 大鑒：

承蒙惠贈尋找煙愁圖詩圖書 4冊（套）

業經點收，即予編目典藏，供師生閱覽，隆

情厚誼，深爲感荷，謹函申謝。

耑此 順頌

時祺

銘傳大學
圖書館館長 何祖鳳 敬啟

104年 5月 24日

陳先生　大鑒：

承蒙惠贈「大選劫後」等圖書 5 冊（套）業經點收，即予編目典藏，供師生閱覽，隆情厚誼，深為感荷，謹函申謝。

耑此　順頌

時祺

銘傳大學
圖書館館長

何組鳳　敬啟

一〇四年 9 月 廿 日

敬啟者：頃蒙

惠贈書刊『歷史上的三把利刀』…等圖書拾壹冊，師生

咸感厚意，所贈書刊除妥為珍藏利用，耑此函申謝悃。

　　　　　　　　　　　　　　　　　敬致

陳福成　先生

　　　　　　　　實踐大學圖書館　敬謝

　　　　　　　　九十九年九月十四

敬啟者：頃蒙

再次惠贈『春秋紀實』等多冊著作，師生咸感厚意，所

贈圖書除妥為珍藏利用，耑此函申謝悃。

陳福成　先生

　　敬致

實踐大學圖書館

一〇〇年十一月七日

敬謝

敬啟者：頃蒙

　惠贈『政治學方法論概說』…等六冊圖書，師生咸感

厚意，所贈圖書資料，除妥為珍藏利用，耑此函申謝悃。

　　　　敬致

陳　福　成　先生

　　　　　　　實踐大學圖書館

　　　　　　　一○一年十一月九日

實踐大學圖書館　簡函

受文者：陳福成 先生

主　旨：懇請惠賜「防衛大台灣」…等圖書（詳附件），供全校師生研究參閱。

說　明：

感謝來函提供圖書贈送，請見附件勾選之細項。倘蒙 惠允，資料逕寄「實踐大學圖書館採編組」（臺北市 104 中山區大直街七十號）收。承辦人：李逸文小姐，聯絡電話(02)2538-1111 分機 1626。

實踐大學圖書館編組 謹啟

中　華　民　國　九　十　九　年　八　月　十　六　日

敬啟者： 頃承 陳福成 先生

惠贈書刊 5 冊，謹致謝忱。不僅裨益本校圖書館館藏之充實，

且嘉惠本校師生良多。隆情高誼，特此致謝。耑此

　　　敬頌

時祺

　　　　　　　　　　　　國立臺北教育大學圖書館　　謹啟

　　　　　　　　　　　　中華民國 102 年 5 月 10 日

陳先生您好：

　　本館想要索贈的圖書如下：

☑1. 解開兩岸的 10 大弔詭
　2. 大陸政策與兩岸關係
　3. 從地獄歸來:艾倫坡小說選
　4. 尋找一座山:陳福成創作集
☑5. 三月詩會研究
　6. 公主與王子夢幻
　7. 夢幻花開一江山
　8. 男人和女人的情話真話

　　共 8 冊，其餘已有購買，謝謝您！
　　非常感謝妳的捐贈！
　　地址: 106 台北市和平東路 2 段 134 號
　　收件人: 國立台北教育大學圖書館
　　　　　　採編組　林佳兒小姐
　　電話：2732-1104 分機 2113

　　　　　　　　　　　　國立台北教育大學圖書館敬上

敬啟者：頃承　貴福成　先生

惠贈書刊，深紉　厚誼，謹致謝忱。今後尚祈

源源惠賜，以增輝我館典藏為禱。耑此

　　敬頌

時祺

國立臺北教育大學圖書館　謹啟

計收： 6 冊

中華民國104年11月2日

國立屏東教育大學 National Pingtung University of Education

No.4-18 Minsheng Rd., Pingtung City, Pingtung County 90003, Taiwan (R.O.C.)
90003 屏東市民生路4-18號　電話：886-8-7226141　傳真：886-8-7235352

陳福成君　惠鑒：頃承

惠贈佳籍，至紉高誼。

業經拜收登錄，並將編目珍藏，供本校師生參覽。

謹肅蕪箋，藉申謝忱。

　　　耑此　　敬頌

安　　祺

　　　　　　　　　　　國立屏東教育大學圖書館　敬啟

　　　　　　　　　　　102 年 11 月 21 日

計收：「英文單字研究」等書 4 冊

國立屏東教育大學 National Pingtung University of Education

No.4-18 Minsheng Rd., Pingtung City, Pingtung County 90003, Taiwan (R.O.C.)
90003 屏東市民生路4-18號　電話：886-8-7226141　傳真：886-8-7235352

陳福成　先生　惠鑒：　頃承

惠贈佳籍，至紉高誼。

業經拜收登錄，並將編目珍藏，供本校師生參覽。

謹肅蕪箋，藉申謝忱。

　　耑此　　敬頌

安　　　祺

　　　　　　　國立屏東教育大學圖書館　敬啟

　　　　　　　　　103 年 6 月 17 日

計收：「我的革命檔案」等書 5 冊

國立屏東教育大學 National Pingtung University of Education

No.4-18 Minsheng Rd., Pingtung City, Pingtung County 90003, Taiwan (R.O.C.)
90003 屏東市民生路4-18號　電話：886-8-7226141　傳真：886-8-7235352

陳福成君　惠鑒：　頃承

惠贈佳籍，至紉高誼。

業經拜收登錄，並將編目珍藏，供本校師生參覽。

謹肅蕪箋，藉申謝忱。

　　　　耑此　　敬頌

安　　　祺

　　　　　　　　　　　國立屏東教育大學圖書館　敬啟

　　　　　　　　　　　103 年 3 月 21 日

計收：「幻夢花開一江山」等書 5 冊

國立高雄大學

圖書資訊館

陳福成先生　鈞鑒：

　　頃承惠贈「台大教官興衰錄」等圖書共五冊，深紉　厚

意，謹致謝忱。日後如蒙源源惠贈，尤為感荷。

館長

饒俊華　敬上

中華民國102年11月18日

國立高雄大學
圖書資訊館

陳福成先生　雅鑒：

　　頃承惠贈「我的革命檔案」等圖書共五冊，深紉　厚意，

謹致謝忱。日後如蒙源源惠贈，尤為感荷。

館長　　楊　俊　森　敬上

中華民國103年6月5日

國立高雄大學
圖書資訊館

陳福成先生 雅鑒：

　頃承惠贈「臺北的前世今生」等圖書共四冊，深紉 厚意，

謹致謝忱。日後如蒙源源惠贈，尤為感荷。

館長　潘 依 華　敬上

中華民國103年3月13日

陳先生福成惠鑒：

　　承蒙　惠贈「中國當代平民詩人王學忠詩歌劄記」等圖書 7 冊，嘉惠本校師生與讀者，深感厚意，特申謝忱。

　　耑此，敬頌

　　時　　祺

國立彰化師範大學
圖 書 館 館 長

敬上

101 年 5 月 30 日

陳先生福成惠鑒：

　　承蒙　惠贈「政治學方法論概說」等圖書6冊，嘉惠本校師生與讀者，深感厚意，特申謝忱。

　　耑此，敬頌

　　時　　祺

國立彰化師範大學
圖 書 館 館 長
林哲鵬　敬上
101 年 11 月 15 日

福成先生大啓：

惠贈佳籍，至紉高誼。經拜收後登錄，即可編目珍藏，供全校師生閱覽。

謹肅蕪箋，藉申謝忱。

嶺東科技大學圖書館

收件者：嶺東科技大學圖書館編目組

承辦人：潘豫萍小姐　04-23892088 ↓
　　　　　　　　　　　　　2512

地址：台中市南屯區嶺東路 1 號

11681 臺北市文山區萬盛街 74-1 號 2 樓　　　　印刷品

陳 福 成 先 生　　　鈞 啓

國立臺中科技大學圖書館
4○1　台中市北區三民路三段 129 號
電　話(○四)22195678

茲收到　您贈送圖書「西洋政治思想史概述」、
「政治學方法論概說」等，共五冊。感謝您對文
化藝術、教育傳承的支持，讓所有莘莘學子受用
無窮，承蒙惠賜，謹此致謝。

國立臺中科技大學圖書館

11681 台北市萬盛街 74-1 號 2 樓　　　　　印刷品

陳　福　成　先　生　　　鈞　啓

國立臺中科技大學圖書館
404　台中市北區三民路三段 129 號
電話(○四)22195678

兹收到　您贈送圖書「迷航記：黃埔情暨陸官 44 期一些閒話、天帝教的中華文化意涵：掬一瓢《教訓》品天香等」共四冊。感謝您對文化藝術、教育傳承的支持，讓所有莘莘學子受用無窮，承蒙惠賜，謹此致謝。

國立臺中科技大學圖書館

116 臺北市萬盛街 74-1 號 2 樓　　　　　　印刷品

> 陳　福　成　先　生　　　　　鈞　啓

國立臺中科技大學圖書館
404　台中市北區三民路三段 129 號
電話(○四)22195678

茲收到　您贈送圖書「愛倫坡恐怖推理小說經典
新選、男人和女人的情話真話/兩性關係的生活
智慧等」共五冊。感謝您對文化藝術、教育傳承
的支持，讓所有莘莘學子受用無窮，承蒙惠賜，
謹此致謝。

國立臺中科技大學圖書館

陳福成先生　　道安：

　　感謝大作相贈，本館所需清單如附件，懇請惠予贈送，本館可負擔有關贈書運送之郵資（採書到付費的方式），非常感謝慷慨贈書。謝謝您。

　　　　國立中興大學圖書館　　　　敬啟

　　　中　華　民　國　99 年 8 月 18 日

中原大學圖書館　函

機關地址：32023 中壢市中北路 200 號
聯　絡　人：林千妙
聯絡電話：03 - 2652817
傳　　　真：03 - 2652814

受文者：如正副本

發文日期：中華民國 99 年 8 月 16 日（星期一）
速別：普通件
附件：如文（索取贈書清單.xls）

主旨：為充實本校圖書館館藏，請惠贈　台端出版圖書供師生閱
　　　覽，以提升研究品質及學習成效，請惠允見復。

說明：請惠贈　台端出版圖書「國家安全與情治機關的弔詭」等
　　　共 24 種，詳細內容如附件。

正本：陳福成先生
副本：本校採訪編目組

99. 8. 16

擬逕發文，呈請核示

林千妙 8/16

元智大學圖書資訊服務 函

地址：320 中壢市遠東路135號
傳真：03-4352078
承辦人：謝桂花
電話：03-4638800 轉 2964

受文者：陳福成 先生

發文日期： 中華民國九十八年十二月二十四日星期四

發文字號：元智圖管字第《091224》號函

速別：普通件

主旨：致索贈書 函

(一) 陳先生福成所著書刊，內容豐富精闢，極具參考價值，

　　懇請惠贈本館以供典藏，如蒙應允，不勝感激，如需訂

　　購，亦請回覆告知。

元智大學圖書資訊服務處啟

長　庚　大　學

敬啟者您好：

　　敝單位收到您的來信，欲向您索取「從地獄歸來：愛倫坡小說選」、「尋找一座山」、「中國學四部曲」、「愛倫坡小說經典新選」、「男人和女人的情話真話」、「八方風雨，性情世界」共 6 種，您的作品將置於本校圖書館供全校師生借閱使用，感謝您不吝贈送。

長庚大學圖書館　吳佳娟

03-2118800*5278

中央警察大學用箋

陳福成先生大鑒敬啟者：承蒙

惠贈大作國家安全與情治機關的弔詭等37冊，

至為感激，除敬謹編目珍藏，供本校員生隨

時拜讀外，專申謝悃。今後如有新著出版，

尚祈繼續惠贈，毋任企盼，專此敬頌

撰安

中央警察大學圖書館啟

100 年 元 月 10 日

陸軍專科學校　函

機關地址：桃園縣中壢市中堅里3鄰龍東路750號
傳　　真：
承辦人及電話：孔貴珍　03-4361314#334690

受文者：陳福成先生

發文日期：中華民國 100 年 01 月 10 日
發文字號：陸專校資字第1000000135號
速別：
密等及解密條件或保密期限：
附件：

主旨：請台端重要著編譯作品贈予本校收藏，俾充實本校資圖中心館藏，以供全校讀者眾覽，敬請查照。

說明：貴著作內容豐富，立論精闢，書目除本中心已典藏之書目編號5、7、14、15、17、21不索取，其他著作敬請惠贈壹本，倘蒙惠允，本校將妥為珍藏與運用，謹申謝忱。

正本：陳福成先生(台北市萬盛街74-1號2樓)
副本：

校　　長
陸軍少將　劉必棟

福成先生鈞鑒：

　　來函敬悉，亦預覽大作各書名，至為敬佩！就本校圖書館服務宗旨，當以滿足各類圖書讀者為首；然圖書型態千百萬種，實難收集、典藏盡全。故您如能就大作每本（冊）寄贈乙本，以饗讀者，本中心感激不盡，亦增視野，特函申謝，並祈多予指教，順頌時安

　　　　　國防大學資訊圖書中心主任　陳蕙霖　敬啟

　　　　　　　　　　　　　　　　　　　　　　100.1.7

註：

地址：桃園八德郵政 90040 號信箱

收件者：國防大學資訊圖書中心

電話：03-3653646

福成先生鈞鑒：

　　來函敬悉，亦預覽大作各書名，至為敬佩！就本校圖書館服務宗旨，當以滿足各類圖書讀者為首；然圖書型態千百萬種，實難收集、典藏盡全。故您如能就大作每本（冊）寄贈乙本，以饗讀者，本中心感激不盡，亦增視野，特函申謝，並祈多予指教，順頌

時安

　　　　　　國防大學資訊圖書中心主任　陳蕙霖　敬啟

　　　　　　　　　　　　　　　　　　　　　　100. 1. 7

註：

地址：桃園八德郵政 90040 號信箱

收件者：國防大學資訊圖書中心

電話：03-3653646

感　謝　函

　　感謝陳福成先生熱心捐贈資圖中心「迴游的鮭魚」等圖書共 16 冊，以充實館藏圖書資源，本中心將編目上架供讀者借閱參考，特致此函，以申謝忱。

空軍軍官學校　資訊圖書中心

中華民國　100 年 04 月 19 日

陳學長鈞鑒：

　　感謝　您贈送母校圖書二十五冊典藏，並嘉惠後期學弟。本人謹代表母校向您致上最誠摯的謝意。敬祝

　　　萬　事　如　意

　　　　　　　　　資圖中心館長

　　　　　　　　　洪登南敬上

　　　　　　　九十二年六月二十日

敬啟者：頃承

惠贈三月詩會研究 等書共 五 冊

感荷良深，除分別編目珍藏以供眾覽

外，特此申謝。

　此致

陸軍軍官學校中正圖書館　謹啓

黃國忠

中華民國 卧 年 12 月 30 日

敬啓者：頃承

惠贈我們知道的孫大公等書共 五 冊

感荷良深，除分別編目珍藏以供衆覽

外，特此申謝。

　此致

陳福成先生

陸軍軍官學校中正圖書館　謹啓

中華民國

100年

6月

16日

敬啓者：頃承

惠贈 神劍與屠刀 等書共 15 冊

感荷良深，除分別編目珍藏以供眾覽

外，特此申謝。

此致

陳福成 先生

陸軍軍官學校中正圖書館　謹啓

中華民國 100 年 11 月 7 日

敬啟者：頃承

惠贈中國四大兵法家新詮等書共　38　冊

感荷良深，除分別編目珍藏以供眾覽

外，特此申謝。

此致

陸軍軍官學校中正圖書館　謹啟

中華民國 100 年 1 月 19 日

敬啓者：頃承

惠贈政治學方法論概說等書共 六 冊

感荷良深，除分別編目珍藏以供眾覽

外，特此申謝。

　此致

陳福成先生

　　　　陸軍軍官學校中正圖書館　謹啓

中華民國 101 年 11 月 5 日

敬啟者：頃承

惠贈金秋六人行

等書共五冊

感荷良深，除分別編目珍藏以供眾覽

外，特此申謝。

　此致

陳福成　先生

陸軍軍官學校中正圖書館　謹啟

資園中心

中華民國　一〇二年　5月　8日

敬啓者：頃承

惠贈 護詩稗記

等書共 5 冊

外，特此申謝。

感荷良深，除分別編目珍藏以供眾覽

　此致

陳福成先生

陸軍軍官學校中正圖書館　謹啓

賀圓忠

中華民國 102 年 5 月 16 日

敬啟者：頃承

惠贈春秋詩選

等書共　七　冊

感荷良深，除分別編目珍藏以供眾覽

外，特此申謝。

　此致

陳稻成　先生

陸軍軍官學校中正圖書館　謹啟

中華民國 103 年 3 月 18 日

海軍軍官學校用箋

敬覆者辱承

惠贈圖書深紉

厚意除登記編目善為珍藏以供眾覽外謹此申謝祇頌

公綏

計收

圖書9冊

敬

啟 100年元月15日

贈書感謝函

陳福成　女士先生，您好：

　　本館已經收到您捐贈的圖書資料，對於您的慷慨割愛與熱心厚愛，致上崇高感謝。由於技職院校的館藏極待成長，非常需要熱心人士能夠提供圖書資源。對於您所捐贈的圖書資源，我們一定會儘速處理，以求物盡其用，嘉惠學子，才不辜負您捐贈的美意與對本校師生們的厚愛。謹此致上全體同仁最誠摯的感謝。

南台科技大學圖書館　敬上

民國 101 年 11 月 6 日

計收贈書明細如下：

西洋政治思想史概述等 6 冊

贈書感謝函

陳福成 女士先生，您好：
（先生）

　　本館已經收到您捐贈的圖書資料，對於您的慷慨割愛與熱心厚愛，致上崇高感謝。由於技職院校的館藏極待成長，非常需要熱心人士能夠提供圖書資源。對於您所捐贈的圖書資源，我們一定會儘速處理，以求物盡其用，嘉惠學子，才不辜負您捐贈的美意與對本校師生們的厚愛。謹此致上全體同仁最誠摯的感謝。

南台科技大學圖書館　敬上

民國100年11月18日

計收贈書明細如下：

春秋正義等 17冊

福成先生 大鑑：

　素聞

先生著作等身學養卓著，本館為迪提升學術研究風氣，增加精緻館藏，

謹懇請惠贈著作出版品。如蒙惠賜下列書刊，將儘速編目庋藏，俾

供閱覽。　謹此略申謝忱。

　耑此，　順頌

　　　　　　時　祺

敬請惠賜：如清單勾選，計 18 種

如蒙惠賜，請寄南台科技大學圖書館 註明「贈書」即可

地址 710 台南縣永康市南台街 1 號　電話 (06) 253-3131 ext2502

南台科技大學圖書館　謹啟

99 年 12 月 24 日

陳福成 先生、女士，您好：

　　本館已經收到您慷慨捐贈的圖書資料，對於您的慷慨割愛與熱心厚愛，本館非常感謝！由於技職院校的館藏亟待成長，因此除了校際的資源共享之外，也非常需要像您這樣的熱心人士能夠經常提供圖書資源。對於您所捐贈的圖書資源，本館一定會儘速處理，以求物盡其用，嘉惠大眾，不致辜負您捐贈的美意與對本校師生們的厚愛。謹以此致上本館所有同仁最誠摯之感謝。

　　　　　　　　　　　南台科技大學圖書館　　謹上
　　　　　　　　　　　民國　　　年　　月　　　日

計收贈書明細如下：

　　國家安全與情治機關的弔詭　1本

　　解開兩岸的10大弔詭　1本

　　洞游的鮭魚，1本

　　赤縣行腳－神州心旅　1本　共18本

陳福成先生、女士，您好：

　　本館已經收到您慷慨捐贈的圖書資料，對於您的慷慨割愛與熱心厚愛，本館非常感謝！由於技職院校的館藏亟待成長，因此除了校際的資源共享之外，也非常需要像您這樣的熱心人士能夠經常提供圖書資源。對於您所捐贈的圖書資源，本館一定會儘速處理，以求物盡其用，嘉惠大眾，不致辜負您捐贈的美意與對本校師生們的厚愛。謹以此致上本館所有同仁最誠摯之感謝。

南台科技大學圖書館　　謹上
民國　　年　　月　　日

計收贈書明細如下：

找尋理想國＝中國式民主政治．

研究考綱　1冊

在「鳳梅人」小橋上　1冊．
我所知道的孫大公　1冊．　　　等共4冊

贈書感謝函

陳福成 先生 女士先生，您好：

　　本館已經收到您捐贈的圖書資料，對於您的慷慨割愛與熱心厚愛，致上崇高感謝。由於技職院校的館藏極待成長，非常需要熱心人士能夠提供圖書資源。對於您所捐贈的圖書資源，我們一定會儘速處理，以求物盡其用，嘉惠學子，才不辜負您捐贈的美意與對本校師生們的厚愛。謹此致上全體同仁最誠摯的感謝。

南台科技大學圖書館 敬上

民國 100 年 8 月 25 日

計收贈書明細如下：

台大逸仙會等 5冊

贈書感謝函

陳福成　女士先生，您好：

　　本館已經收到您捐贈的圖書資料，對於您的慷慨割愛與熱心厚愛，致上崇高感謝。由於技職院校的館藏極待成長，非常需要熱心人士能夠提供圖書資源。對於您所捐贈的圖書資源，我們一定會儘速處理，以求物盡其用，嘉惠學子，才不辜負您捐贈的美意與對本校師生們的厚愛。謹此致上全體同仁最誠摯的感謝。

南台科技大學圖書館　敬上

民國 101 年 5 月 8 日

計收贈書明細如下：

中國神譜等 5 冊

贈書感謝函

陳福成 女士先生，您好：

　　本館已經收到您捐贈的圖書資料，對於您的慷慨割愛與熱心厚愛，致上崇高感謝。由於技職院校的館藏極待成長，非常需要熱心人士能夠提供圖書資源。對於您所捐贈的圖書資源，我們一定會儘速處理，以求物盡其用，嘉惠學子，才不辜負您捐贈的美意與對本校師生們的厚愛。謹此致上全體同仁最誠摯的感謝。

南台科技大學圖書館 敬上

民國102年9月17日

計收贈書明細如下：

迷航記──黃埔情暨陸官44期一些閒話等共4冊

國立成功大學圖書館

臺 南 市 大 學 路 一 號

National Cheng Kung University Library

1 University Road, Tainan City 70101, Taiwan, R. O. C.

TEL:886-6-2757575 ext.65760　FAX:886-6-2378232

敬啟者：荷承

　　惠贈「古晟的誕生」等五冊業已領收，隆情高誼，衷表謝忱。

　　所贈圖書本館將依受贈資料收錄原則妥適處理，凡適合納入館藏之圖書，將於書後誌記捐贈人大名以資感謝，並登錄上架供眾閱覽；未納入館藏者，則由本館轉贈或以其他方式處理，惟後續處理結果恕不再函覆。

　　再次感謝您的美意與慨贈，並祝福您平安健康。專此

敬頌

時祺

國立成功大學圖書館　敬啟

民國 102 年 05 月 08 日

國立成功大學圖書館
臺 南 市 大 學 路 一 號

NATIONAL CHENG KUNG UNIVERSITY LIBRARY

1 TA HSUEH ROAD, TAINAN 70101, TAIWAN, R. O. C.

TEL:886-6-2757575 ext.65760　FAX:886-6-2378232

敬啟者：　頃承

　　惠贈佳籍，深紉厚誼，所贈資料「三月詩會研究」等二冊圖書，本館將依館藏發展政策及受贈資料收錄原則善加處理，專此函謝，謹申謝忱。敬頌

時祺

　　　　　　　　　成功大學圖書館　敬啟
　　　　　　　　　　2011 年 3 月 02 日

收書回條

敬請點收寄贈圖書後，傳真或寄回本收書回條，以茲確認。

傳真專線：0937-059-905 陳福成 先生

諮詢服務：0937-059-905 陳福成 先生

電子信箱：xyz510487@yahoo.com.tw

地址：116 台北市文山區萬盛街 74-1 號 2 樓

贈書日期：中華民國 98 年 12 月 18 日

索贈日期：中華民國 98 年 12 月 16 日（成圖採字第 9812006 號）

圖書名稱：

【解開兩岸的 10 大弔詭】 等 20 圖書 ＋ 6 本 期刊。

以上共計 22 種 26 本圖書資料。

圖書點收情形：（請勾選）

☐ 全數收到：

☒ 部分圖書未收到：

※ 若有新出版品，謝謝 您將成大圖書館列為長期寄贈單位，以利提供全校師生教學與研究參考。謝謝！

※ 隨寄 鉛筆一組 及 2006 年 限量紀念書籤，感謝 您的寄贈圖書。祝福平安順心如意 ！

單位名稱：<u>國立成功大學圖書館採編組</u>

收書日期：<u>　2009　</u> 年 <u>　12　</u> 月 <u>　22　</u> 日

Fax: 06-2384389　Tel: 06-2757575-65727　魏瓊釵

國 立 成 功 大 學 圖 書 館
臺 南 市 大 學 路 一 號
NATIONAL CHENG KUNG UNIVERSITY LIBRARY
1 TA HSUEH ROAD, TAINAN 70101, TAIWAN, R. O. C.
TEL:886-6-2757575 ext.65760　FAX:886-6-2378232

陳福成先生：荷承

　　惠贈「政治學方法論概說」等六冊業已領收，隆情高誼，衷表謝忱。

　　所贈圖書本館將依受贈資料收錄原則妥適處理，凡適合納入館藏之圖書，將於書後誌記捐贈人大名以資感謝，並登錄上架供眾閱覽；未納入館藏者，則由本館轉贈或以其他方式處理，惟後續處理結果恕不再函覆。

　　再次感謝您的美意與慨贈，並祝福您平安健康。專此
敬頌
時祺

　　　　　　國立成功大學圖書館　敬啟

　　　　　　民國 101 年 11 月 09 日

國立成功大學圖書館函

地址：70101 台南市東區大學路一號
聯絡人： 魏瓊釵
機關傳真：(06)2384389
連絡電話：(06)2757575轉65727
電子信箱：ccwei@mail.ncku.edu.tw

116
台北市文山區萬盛街 74-1 號 2 樓

受文者：陳福成先生
發文日期：98 年 12 月 16 日
發文字號：成圖採字第9812006號

主旨：擬請惠贈「解開兩岸的 10 大弔詭」等 19 筆圖書，以供本校師生
　　　教學與研究參考。

說明：

一、　為配合教學與研究所需，擬向　您索贈「解開兩岸的10大弔詭」
　　　等19筆圖書，以補全本館之館藏。

二、　出版品請寄至：(701)台南市東區大學路1號 成功大學圖書館
　　　採編組魏瓊釵小姐。

三、　為完整收藏　您新的出版品，煩請考慮將本館列為長期寄贈對
　　　象。

館長　謝文真

成功大

附件 一 國立成功大學圖書館索贈圖書清單

陳福成先生　聯絡電話：　　　　　　　聯絡地址：116 台北市文山區萬盛街74-1號2樓
2009.12.16　成圖採字第9812006號　（成大館藏缺書 索贈19 筆）

序號	原編號	索贈	書名	著者	出版者	出版年	館藏缺書	索書號(統一編號)
1	6	索贈	解開兩岸的10大弔詭	陳福成	陳福成		館藏缺書,索贈補全	2009.12.10 贈書函
2	9	索贈	尋找一座山: 陳福成創作集	陳福成	陳福成		館藏缺書,索贈補全	2009.12.10 贈書函
3	13	索贈	五十不惑: 一個軍校生的半生塵影	陳福成	陳福成		館藏缺書,索贈補全	2009.12.10 贈書函
4	14	索贈	國家安全與戰略關係	陳福成	陳福成		館藏缺書,索贈補全	2009.12.10 贈書函
5	15	索贈	首部曲: 中國歷代戰爭新詮	陳福成	陳福成		館藏缺書,索贈補全	2009.12.10 贈書函
6	16	索贈	二部曲: 中國政治思想新詮	陳福成	陳福成		館藏缺書,索贈補全	2009.12.10 贈書函
7	17	索贈	三部曲: 中國四大兵法家新詮	陳福成	陳福成		館藏缺書,索贈補全	2009.12.10 贈書函
8	18	索贈	四部曲: 中國近代黨派發展研究新詮	陳福成	陳福成		館藏缺書,索贈補全	2009.12.10 贈書函
9	22	索贈	性情世界: 陳福城情詩選	陳福成	陳福成		館藏缺書,索贈補全	2009.12.10 贈書函
10	23	索贈	新領導與管理實務: 新叢林時代領袖群倫的政治智慧	陳福成	陳福成		館藏缺書,索贈補全	2009.12.10 贈書函
11	24	索贈	一個軍校生的台大閒情	陳福成	陳福成		館藏缺書,索贈補全	2009.12.10 贈書函
12	26	索贈	頓悟學習	陳福成	陳福成		館藏缺書,索贈補全	2009.12.10 贈書函
13	28	索贈	夢幻花開一江山	陳福成	陳福成		館藏缺書,索贈補全	2009.12.10 贈書函
14	30	索贈	春秋圖鑑: 回頭看中國近代百年史	陳福成	陳福成		館藏缺書,索贈補全	2009.12.10 贈書函
15	31	索贈	春秋詩選	陳福成	陳福成		館藏缺書,索贈補全	2009.12.10 贈書函
16	36	索贈	神劍或屠刀	陳福成	陳福成		館藏缺書,索贈補全	2009.12.10 贈書函
17	38	索贈	男人和女人的情話真話	陳福成	陳福成		館藏缺書,索贈補全	2009.12.10 贈書函
18	39	索贈	八方風雨, 性情世界	陳福成	陳福成		館藏缺書,索贈補全	2009.12.10 贈書函
19	41	索贈	赤縣行腳-神州心旅	陳福成	陳福成		館藏缺書,索贈補全	2009.12.10 贈書函

國立成功大學圖書館

臺 南 市 大 學 路 一 號

National Cheng Kung University Library

1 University Road, Tainan City 70101, Taiwan, R. O. C.

TEL:886-6-2757575 ext.65760　FAX:886-6-2378232

陳福成先生：荷承

　　惠贈「臺北的前世今生：圖文說臺北的開發故事」等 4
冊業已領收，隆情高誼，衷表謝忱。

　　閣下所贈圖書本館將依受贈資料收錄原則妥適處理，凡
適合納入館藏之圖書，將於書後誌記捐贈人大名以資感謝，
並登錄上架供眾閱覽；未納入館藏者，則由本館轉贈或以其
他方式處理，惟後續處理結果恕不再函覆。

　　再次感謝您的美意與慨贈，並祝福您平安健康。專此
敬頌

時祺

國立成功大學圖書館　敬啟

民國 103 年 03 月 17 日

陳先生您好：

賢達善作良多，衡諸大作，必惠我學子良多。

請惠贈乙套共計三十九冊。如蒙轉贈，不勝感荷。

台南應用科技大學

收件人：李玉霞

地址：台南市永康市中正路二四號

電話：0929864009

承蒙

　　陳福成　君於民國九十九年一月，惠贈本校圖書館　圖書　二十九冊，

獎掖學術，隆情高誼，深感厚意，謹玖謝忱。耑此

順　頌

　　　　時　綏

大葉大學　圖書館

館長

中華民國九十九年一月二十八日

陳 先生, 您好:

　　承蒙惠贈圖書, 嘉惠學子。敝館欲索取下列作品,
勞煩 贈予圖書, 供敝校師生借閱。另, 敝館願支付運費, 勞
煩 寄送時, 請送貨廠商到貨收費, 並開立運費收據(抬頭:
大葉大學, 統一編號: 05988413)。謝謝。

大葉大學圖書館　敬啓

收件者: 大葉大學圖書館 採編組 江小姐
地址: 515 彰化縣大村鄉學府路168號
電話: 04-8511888轉1534
傳真: 04-8511071
email: tsaiting@mail.dyu.edu.tw

編號	書名	出版社	定價
1	國家安全與情治機關的弔詭	幼獅	200
6	解開兩岸的10大弔詭	黎明	280
8	從地獄歸來: 愛倫坡(Edgar Allan poe)小說選	慧明	200
9	尋找一座山: 陳福城創作集	慧明	260
15	中國學四部曲: 首部曲: 中國歷代戰爭新詮	時英出版社	350
18	中國學四部曲-四部曲: 中國近代黨派發展研究新詮	時英出版社	350
19	春秋紀實L: 台灣地區獨派執政的觀察與批判	時英出版社	250
20	歷史上的三把利刃: 部落主義、種族主義、民族主義	時英出版社	250
21	國家安全論壇(軍訓、國防、通識參考書)	時英出版社	350
22	性情世界: 陳福成情詩選	時英出版社	300
24	一個軍校生的台大閒情	文史哲出版社	280
25	春秋正義	文史哲出版社	300
26	頓悟學習	文史哲出版社	260
27	公主與王子的夢幻	文史哲出版社	300
28	夢幻花開一江山(傳統詩風格)	文史哲出版社	200
29	奇謀迷情輪迴: 被詛咒的島嶼(一)	文史哲出版社	220
30	春秋圖鑑: 回頭看中國近代百年史(3600張圖)	文史哲出版社	時價
31	春秋詩選(現代詩、政治批判)	文史哲出版社	380
32	愛倫坡(恐怖推理)小說經典新選	文史哲出版社	280
33	迷情奇謀輪迴: 推出三界大滅絕(二)	文史哲出版社	220
34	迷情奇謀輪迴: 我的中陰身經歷記(三)	文史哲出版社	時價
35	南京大屠殺圖相: 中國人不能忘的記憶	文史哲出版社	時價
36	神劍或屠刀?	文史哲出版社	時價
37	2008這一年, 我們的良心在哪裡	文史哲出版社	時價
38	男人和女人的情話真話	秀威資訊科技	時價
39	八方風雨, 性情世界	秀威資訊科技	時價
40	從皈依到短期出家	秀威資訊科技	時價
41	赤縣行腳-神州心旅	秀威資訊科技	時價

敬啟者：頃承

惠贈圖書，深紉 厚意。除登記編目

善為珍藏以供眾覽外，謹此申謝。

　　祇頌

公綏

計收：今幻夢花開 一江山之書共15冊

國立中正大學圖書館 謹啟

98年 12月 18日

敬啟者：頃承

惠贈圖書，深紉　厚意。除登記編目

善為珍藏以供衆覽外，謹此申謝。

　　祇頌

公綏

計收：八方風雲性情世界

國立中正大學圖書館

99年12月8日

TEL(05)2720411
傳真:(05)2720482
(三)
嘉義縣民雄鄉大學路168號

敬啓者：頃承

惠贈圖書，深級厚意。除登記編目

善爲珍藏以供衆覽外，謹此申謝。

祇頌

公綏

計收：〈男人和女人的情話真話〉

等共計5本

國立中正大學圖書館　謹啓

99年12月22日

敬啟者：頃承

惠贈圖書，深紉 厚意。除登記編目

善為珍藏以供眾覽外，謹此申謝。

　　　　祇頌

公綏

計收：「迷情．奇謀．輪迴」與「三月詩會研

　　究」春秋大業十八年」共2冊

國立中正大學圖書館 謹啟

100 年 2 月 25 日

敬啟者：頃承

惠贈圖書，深紉 厚意。除登記編目

善為珍藏以供眾覽外，謹此申謝

祇頌

公綏

計收：在「鴛梅人」小橋上：中國山西芮城三人行等書

共四冊

國立中正大學圖書館 謹啟

100 年 5 月 30 日

陳先生您好:

　　索贈　先生大作「尋找一座山」等
38 筆詳如附件,供全校師生研究參考用。
請將資料寄至「621 嘉義縣民雄鄉大學路
168 號圖書館採編組收」聯絡電
話;05-2720411 轉 15205 張作正。謝謝!祝
工作愉快!

國立中正大學

2009/12/15

國立嘉義大學圖書館

The Library of National Chiayi University

☑蘭潭校區：　　　　　　　　□民雄校區：
　60004 嘉義市鹿寮里學府路 300 號　　62103 嘉義縣民雄鄉文隆村 85 號

陳福成　先生　　　：頃承

惠贈圖書　5　冊，深紉厚意。除編目善爲珍藏以供眾覽外

謹此申謝。

　　祇頌

公綏

　　　　　　　　　　　國立嘉義大學圖書館　謹啓

　　　　　　　　　　　中華民國 *100* 年　*09* 月　*13* 日

國立嘉義大學圖書館

The Library of National Chiayi University

☑蘭潭校區：　　　　　　　　　　　□民雄校區：

　60004 嘉義市鹿寮里學府路 300 號　　62103 嘉義縣民雄鄉文隆村 85 號

　陳福成 先生　　　：頃承

惠贈圖書　26 冊，深紉厚意。除編目善爲珍藏以供眾覽外，

謹此申謝。

　　祇頌

公綏

　　　　　　　　　　　國立嘉義大學圖書館　謹啓

　　　　　　　　　　　中華民國 100 年 02 月 11 日

國立嘉義大學圖書館

The Library of National Chiayi University

☑蘭潭校區：　　　　　　　　　　　□民雄校區：
　60004 嘉義市鹿寮里學府路 300 號　　　62103 嘉義縣民雄鄉文隆村 85 號

陳福成　先生　　　：頃承

惠贈圖書　2 冊，深紉厚意。除編目善為珍藏以供眾覽外，
謹此申謝。

　祗頌

公綏

　　　　　　　　　　　　　國立嘉義大學圖書館　謹啟

　　　　　　　　　　　　　中華民國 100 年 03 月 01 日

國立嘉義大學圖書館

The Library of National Chiayi University

☑蘭潭校區：
　60004 嘉義市鹿寮里學府路 300 號

☐民雄校區：
　62103 嘉義縣民雄鄉文隆村 85 號

　陳福成　先生＿＿＿＿＿：頃承

惠贈圖書　4　冊，深紉厚意。除編目善為珍藏以供眾覽外，

謹此申謝。

　　祇頌

公綏

　　　　　　國立嘉義大學圖書館　謹啟

　　　　　　中華民國 100 年 05 月 20 日

陳先生您好：

　　感謝您惠贈圖書嘉惠本校師生，附表打勾部分為敝館所需之書籍，煩請寄送至

收件人：國立嘉義大學圖書館採編組張先生

地　　址：60004 嘉義市鹿寮里學府路 300 號

電　　話：(05)2717232

再一次的感謝您！

館員　巍鐘　敬啟

國立嘉義大學圖書館

The Library of National Chiayi University

☑蘭潭校區：
60004 嘉義市鹿寮里學府路 300 號

☐民雄校區：
62103 嘉義縣民雄鄉文隆村 85 號

陳福成 先生 ：頃承

惠贈圖書 5 冊，深紉厚意。除編目善為珍藏以供眾覽外，
謹此申謝。

　　祇頌

公綏

國立嘉義大學圖書館　謹啓

中華民國 101 年 5 月 22 日

國立嘉義大學圖書館

The Library of National Chiayi University

☑蘭潭校區：　　　　　　　　　☐民雄校區：
60004 嘉義市鹿寮里學府路 300 號　　62103 嘉義縣民雄鄉文隆村 85 號

陳福成　先生　　　：頃承

惠贈圖書　4　冊，深紉厚意。除編目善為珍藏以供眾覽外，
謹此申謝。

　　祇頌

公綏

　　　　　　　　　　國立嘉義大學圖書館　謹啓

　　　　　　　　　　中華民國 102 年 9 月 23 日

國立嘉義大學圖書館

The Library of National Chiayi University

☑蘭潭校區：
　60004 嘉義市鹿寮里學府路 300 號

☐民雄校區：
　62103 嘉義縣民雄鄉文隆村 85 號

　陳福成 先生 　　　：頃承

惠贈圖書　5　冊，深紉厚意。除編目善爲珍藏以供眾覽外，

謹此申謝。

　　祇頌

公綏

　　　　　　　　　　　　國立嘉義大學圖書館　謹啓

　　　　　　　　　　　　中華民國 102 年 5 月 21 日

國立嘉義大學圖書館

The Library of National Chiayi University

☑蘭潭校區：　　　　　　　　　□民雄校區：

　60004 嘉義市鹿寮里學府路 300 號　　　62103 嘉義縣民雄鄉文隆村 85 號

　陳福成　先生　　　　：頃承

惠贈圖書　5　冊，深紉厚意。除編目善爲珍藏以供眾覽外，

謹此申謝。

　　祇頌

公綏

　　　　　　　　　　　國立嘉義大學圖書館　謹啓

　　　　　　　　　　　中華民國 102 年 5 月 21 日

陳先生您好！

本館擬索贈圖書共計 34 冊，細目如來函目錄打勾部份，
謝謝您！

順祝　　闔府平安喜樂

國立臺南大學圖書館　敬上

書刊麻煩寄至

收件地址：臺南市中西區樹林街二段 33 號

收 件 人：國立臺南大學圖書館　採編組

電話：(06) 213-3111　轉 270　or　272

傳真：(06) 214-9969

敬啟者：頃承

惠贈左列書刊深紉

厚誼、除編目珍藏以供師生閱覽參考外，

謹此申謝。并頌

公綏

蘭陽技術學院圖書館謹啟

計收

一〇四年一月16日

敬啟者：頃承

惠贈左列書刊深紉

厚誼、除編目珍藏以供師生閱覽參考外，

謹此申謝。并頌

公綏

蘭陽技術學院圖書館 謹啟

101 年 11 月 2 日

計收文史哲學集成 2 本

文學叢刊 4 本

涵谷先生：日方

惠贈左列書刊深紉

厚誼、除編目珍藏以供師生閱覽參考外，

謹此申謝。祇頌

公綏

蘭陽技術學院圖書館謹啟　102年9月16日

計收

〈天帝教的中華文華意涵〉乙冊

〈日本問題的終極處理〉乙冊

〈迷航記：黃埔情暨陸官44期一些閒話〉乙冊

陳福成 先生： 頃承

惠贈圖書，深紉 厚意。除登記編目

善為珍藏以供眾覽外，謹此鳴謝。並頌

大安

計收 春秋記實 等十四本

義守大學圖書館 謹啟

九十九年一月二十日

義守大學圖書館
I-Shou University Library

感　謝　函
Thank you letter

陳福成　先生　　　：頃承

惠贈圖書，深紉　厚意。除登錄編目善為珍藏以供眾

覽外，謹此鳴謝。　　並頌

時綏

On behalf of I-Shou University, I would like to express my deep
appreciation to your donation of books for the purpose of
enhancing our capacity in education. It will bring huge benefit
to those who need the books. I am sure all beneficiaries will
remember you for you Generous giving in the long run.

義守大學圖書館　敬啟

計收：「金秋六人行」圖書等五冊　　　　　　　2012/5/1

義守大學圖書館
I-Shou University Library

感　謝　函
Thank you letter

陳福成先生　　　　：頃承

惠贈圖書，深紉　厚意。除登錄編目善為珍藏以供眾
覽外，謹此鳴謝。　　並頌

時綏

On behalf of I-Shou University, I would like to express my deep
appreciation to your donation of books for the purpose of
enhancing our capacity in education. It will bring huge benefit
to those who need the books. I am sure all beneficiaries will
remember you for you Generous giving in the long run.

義守大學圖書館　敬啟

計收：「三月詩會研究」圖書2冊　　　列印日期：2011/3/1

陳福成　先生：　頃承

惠贈圖書，深紉　厚意。除登記編目

善為珍藏以供眾覽外，謹此鳴謝。並頌

大安

計收　「八方風雲‧性情世界」圖書等五冊

義守大學圖書館　謹啟

九十九年十二月十日

義守大學圖書館
I-Shou University Library

感　謝　函
Thank you letter

陳福成　先生　　：頃承

惠贈圖書，深紉　厚意。除登錄編目善為珍藏以供眾
覽外，謹此鳴謝。　　並頌

時綏

On behalf of I-Shou University, I would like to express my deep
appreciation to your donation of books for the purpose of
enhancing our capacity in education. It will bring huge benefit
to those who need the books. I am sure all beneficiaries will
remember you for you Generous giving in the long run.

義守大學圖書館　　　　敬啟

計收：「我們的春秋大業）」圖書等六冊　　　　　2012/11/5

陳福成　先生：　頃承

惠贈圖書，深紉　厚意。除登記編目

善為珍藏以供眾覽外，謹此鳴謝。並頌

大安

計收　　決戰閏八月　等一批

義守大學圖書館　謹啟

九十九年一月八日

義守大學圖書館
I-Shou University Library

感 謝 函
Thank you letter

陳福成　先生　　：頃承

惠贈圖書，深紉　厚意。除登錄編目善為珍藏以供眾

覽外，謹此鳴謝。　　並頌

時綏

On behalf of I-Shou University, I would like to express my deep
appreciation to your donation of books for the purpose of
enhancing our capacity in education. It will bring huge benefit
to those who need the books. I am sure all beneficiaries will
remember you for you Generous giving in the long run.

義守大學圖書館　敬啟

計收：「臺中開發史」圖書等五冊　　　　　　　　2013/5/14

義守大學圖書館
I-Shou University Library

感　謝　函
Thank you letter

陳福成　先生　　：頃承

惠贈圖書，深紉　厚意。除登錄編目善為珍藏以供眾

覽外，謹此鳴謝。　並頌

時綏

On behalf of I-Shou University, I would like to express my deep appreciation to your donation of books for the purpose of enhancing our capacity in education. It will bring huge benefit to those who need the books. I am sure all beneficiaries will remember you for you Generous giving in the long run.

義守大學圖書館 敬啟

計收：「迷航記」圖書等四冊　　　　　2013/9/16

敬啟者荷承

惠贈書刊，深紉　厚誼。除妥為處理、珍藏以供師生閱覽參考外，

謹此申謝今後如蒙源源分溉尤為感荷。并頌

　　此致

陳福成　先生

計領受：從地獄歸來詩五冊

文藻外語學院圖書館　謹啟

100年08月15日

敬啟者荷承

惠贈書刊，深紉　厚誼。除妥為處理、珍藏以供師生閱覽參考外，

謹此申謝今後如蒙源源分溉尤為感荷。并頌

此致　陳福成先生

計領受：

台北公館地區開發史　乙冊

從敏衣到短期出家　乙冊

中國當代平民詩人王學忠詩歌劄記　乙冊

金秋六人行：鄭州山西之旅乙冊

中國神譜：中國民間宗教信仰之理論與實務　乙冊

文藻外語學院圖書館　謹啟

101年5月　日

陳先生
_____

　　謝謝您所捐贈的 春秋正義等 24 冊圖書
由於您的捐助，我們因此提供更好的服
務。

　　再次謝謝您對文藻圖書館的支持

　　　　　　　　文藻外語學院圖書館　敬上
　　　　　　　　民國 99 年 12 月 29 日

陳先生
_____　　找尋理想國等 4 冊圖書

　　謝謝您所捐贈的_____
由於您的捐助，我們因此提供更好的服
務。

　　再次謝謝您對文藻圖書館的支持

　　　　　　　　文藻外語學院圖書館　敬上
　　　　　　　　民國 100 年 5 月 23 日

敬啟者：

　　欣聞先生捐贈個人著作圖書一批，今已在圖書目錄中勾選本館有意收藏之書，麻煩請幫忙處理，謝謝！

文藻外語學院圖書館

聯絡人：賈玉娟

電話：07-3426031　轉 2711

傳真：07-3595951

寄送地址：807 高雄市三民區民族一路 900 號

99 年 12 月 22 日

敬啟者荷承

惠贈書刊，深紉 厚誼。除妥為處理、珍藏以供師生閱覽參考外，

謹此申謝今後如蒙源源分溉尤為感荷。并頌

此致 陳福成 先生

計領受：中文書 2 批

文藻外語學院圖書館 謹啟

101 年 12 月 10 日

感　謝　狀

佛光山增館藏充實您發
心捐贈佛光山教育學院謹
代表佛光山智慧讓多所派下各
圖書館以感謝您發心感謝

佛光祈願您的發心感謝

佛光山福慧功德喜捨廣結
智慧善緣

敬致
陳○成居士

佛光山教育院
院長　慈惠
　　　　（印）

西元二○○六年九月廿八日

感謝狀

陳福成　居士

敬致

悠願的發心感謝

感謝您發心捐助
佛光山智藏寶實館以充實館藏
感謝您慈心喜捨廣結善緣
祈願 佛光普照 智慧善緣

佛光山福慧功德會
佛光山教育院　院長　慈容　（印）

佛光紀元四十○○三年
二○一○年五月十八日

敬啟者：

頃承　惠贈書刊，清單如附，深感厚意，本
館將依「逢甲大學圖書館交贈資料作業處理
原則」處理。敬申謝忱。耑此　順頌

時祺

逢甲大學圖書館　敬上
102年11月18日

計收：此兩校皆小而精，故《匾額人生》報刊亦寄書籍，共40冊

Dear Sir/ Madam :
The above listed book(s)/item(s), generously
donated by you/your organization, have been
received by the Feng Chia University Library.
It/they will be processed according to our policy
for donated books and items.

With many thanks,

Feng Chia University Library
Date:

Feng Chia University Library

收件人：
116
台北市萬盛街 74-1 號 2 樓
陳福成　收

逢甲大學圖書館
Feng Chia University Library

敬啟者：

頃承　惠贈書刊，清單如附，深感厚意，本

館將依「逢甲大學圖書館交贈資料作業處理

原則」處理。敬申謝忱。耑此　順頌

時祺

逢甲大學圖書館　敬上

103 年 3 月 13 日

計收：把瀝印象藏在名片簿－三月詩會詩

人手稿會詩（手四冊）

Dear Sir/ Madam：

The above listed book(s)/item(s), generously

donated by you/your organization, have been

received by the Feng Chia University Library.

It/they will be processed according to our policy

for donated books and items.

With many thanks,

Feng Chia University Library

Date:

Feng Chia University Library

TO：

郵遞區號：116

地址：台北市萬盛街 74-1 號

收件人：陳福成　先生收

中華民國郵票

2.50

REPUBLIC OF CHINA(TAIWAN)

木棉花

Bombax ceiba

國　家　圖　書　館
NATIONAL CENTRAL LIBRARY
20,Chungshan S. Rd., Taipei Taiwan, R.O.C. 100-01
Tel:(02)2361-9132　Fax:(02)2311-0155

福成老師道鑒：

　　先生筆耕不綴，或詩作、或散文、或遊記，寫景寫情，

雋永深刻；又精研黨派政治、戰爭兵法、歷史思想，著作等

身，於臺灣學界，影響深遠，廣為大眾所景仰。承蒙

惠贈手稿詩冊資料，彌足珍貴，隆情高誼，無任銘感，本館

自當妥善珍藏，以保文化傳承並嘉惠讀者閱覽。本館職司國

家最高典藏，任重道遠，各項服務工作，尚祈 先生不吝時

賜教誨，以匡未逮。謹肅蕪箋，特申謝忱。耑此

　　敬頌

時　　綏

　　　　　　國家圖書館館長　曾淑賢　　　敬啟

　　　　　　　　　民國 101　年 6 月 11 日

國 家 圖 書 館
NATIONAL CENTRAL LIBRARY

20,Chungshan S. Rd., Taipei Taiwan, R.O.C. 100-01
Tel:(02)2361-9132　Fax:(02)2311-0155

福成老師道鑒：

　　先生工詩作，擅旅遊文學，並精研西方政治思想、民間
信仰及宗教生活，洋洋巨構，著作等身，至表欽仰。今再承
惠贈手稿資料多種，無任銘感。謹肅蕪箋，再申謝忱。耑此

　　敬頌

時　　綏

國家圖書館館長　曾淑賢　　敬啟

民國 101 　年 8 月 23 日

陳福成老師惠贈手稿資料清單

一、筆記

1	政治學方法論	1 冊	陳福成	手稿
2	西洋政治思想史總整理	1 冊	陳福成	手稿

二、專著

3	從皈依到短期出家--另一種生活體驗	1 冊	陳福成	簡單線裝，內含手稿、手稿影印、印刷剪貼. 後並附 "佛光山短期出家修道會戒壇日記"，逐篇有慧靜法師批示.
4	我們的春秋大業---三月詩會 20 年紀念詩集	1 冊	陳福成	簡單線裝，內含照片、手稿、手稿影印、印刷剪貼.
5	價值典範的複製：臺大逸仙學會--兼論統派經營中國統一事業大戰略要領芻議	1 冊	陳福成	簡單線裝，內含照片、手稿、手稿影印、印刷剪貼. 稿紙為畫線自製.
6	臺灣邊陲之美--行腳誦詩・愛音歌唱	1 冊	陳福成	簡單線裝，內含照片、手稿、手稿影印、印刷剪貼.
7	金秋六人行--鄭州山西之旅	1 冊	陳福成	簡單線裝，內容泰半為印刷及電腦列印複印，並有照片及照片影印.
8	中國神譜--中國民間信仰之理論與實務	1 冊	陳福成	簡單線裝，內容含手稿，泰半為印刷文字圖片及照片.

陳福成著作手稿資料清單

手稿

1　詩冊　　　　　　　1冊　　陳福成

作者簡單裝訂，並曰"這些詩稿
是已出版或發表的原稿"，含封面
共32張稿紙，其(頁碼)編號由50
至80，共有詩作24首，其中〈再
訪西條人〉附照片1張。

2　中國當代平民詩人王學忠　1冊　　陳福成
詩歌劄記：一個臺灣人讀
王詩的沉思

共205張稿紙，封面有作者題辭"
黃河浪花憶憶朵，你是那朵最鮮
紅的血色浪花；長江巨濤萬萬波，
你是那波最清醒的靈魂真華"，內
文有5頁為文字印刷剪貼，〈目錄〉
之前有4張照片之覆印，整冊為排
版前之定稿。

國 家 圖 書 館
NATIONAL CENTRAL LIBRARY
20,Chungshan S. Rd., Taipei Taiwan, R.O.C. 100-01
Tel:(02)2361-9132　Fax:(02)2311-0155

福成老師道鑒：

　　先生筆耕不輟，工於詩作並精研文學批評、政治學及國際關係，著作等身，影響深遠，國家民族，拳拳之忠，尤為社會大眾所景仰。再承　惠賜手稿資料多種，隆情高誼，無任銘感。謹肅蕪箋，特申謝忱。耑此

　　敬頌

時　綏

國家圖書館館長　曾淑賢　　敬上

民國 102　年 8 月 26 日

陳福成老師惠贈手稿資料清單

一、手稿

1	男人和女人的情話真話：兩性關係的生活智慧	1 冊（217 張）	作者簡單裝訂。原稿完成於 1975 年。
2	最自在的是彩霞──臺大退休人員聯誼會	1 冊（98 張）	作者簡單裝訂。內容泰半為手稿，亦有部分為印刷剪貼，內含多楨照片。
3	一信詩學研究──徐榮慶的文學生命風華	1 冊（289 張）	作者簡單裝訂。
4	讀詩稗記──蟾蜍山萬盛草齋文存	1 冊（207 張）	作者簡單裝訂。有若干印刷影印剪貼。間有照片多楨，泰半為手稿。
5	古晟的誕生──陳福成 60 回顧展	1 冊（120 張）	作者簡單裝訂。有若干印刷影印剪貼。間有照片多楨，泰半為手稿。
6	迷航記──黃埔情暨陸官 44 期一些閒話	1 冊（210 張）	作者簡單裝訂。有若干印刷影印報紙剪貼。間有照片多楨，泰半為手稿。亦有作者早年日記片斷。
7	英文單字研究──全面記憶與理解英文單字方法	1 冊（250 張）	作者簡單裝訂。內皆為作者製作之單字卡片。
8	「日本問題」的終極處理──廿一世紀中國人的天命與扶桑省建設要綱	1 冊（27 張）	作者簡單裝訂。有若干印刷影印剪貼。間有照片多楨，泰半為手稿。
9	天地教的中華文化意涵──掬一瓢《教訊》品天香	1 冊（204 張）	作者簡單裝訂。有若干印刷影印剪貼。間有複印照片多楨，泰半為手稿。
10	臺中開發史──兼臺中龍井陳家移臺略考	1 冊（115 張）	作者簡單裝訂。有印刷影印剪貼。間有複印照片多楨。

二、書籍

以下所贈書籍，每種 2 冊，其中 1 冊為作者簽名本。

49	迷航記──黃埔情暨陸官44期一些閒話	2 冊	
50	國家安全論壇	2 冊	
51	在「鳳梅人」小橋上──中國山西芮城三人行	2 冊	
52	臺中開發史──兼臺中龍井陳家移臺略考	2 冊	
53	山西芮城劉焦智《鳳梅人》報研究──論文化文學藝術交流	2 冊	簡體字版
54	中國近代黨派發展研究新詮	2 冊	
55	五十不惑──一個軍校生的半生塵影	2 冊	
56	迷情・奇謀・輪迴	2 冊	
57	國家安全與戰略關係	2 冊	
58	為中華民族的生存發展進百書疏──孫大公的思想主張書函手稿	2 冊	
59	新領導與管理實務──新叢林時代領袖群倫的智慧	2 冊	

陳老師您好

向您鞠躬請安.

謝謝您把寶貴的手稿送給國家圖書館，這是文化的留傳，向您致敬.
信封裏放的是一件 "授權書" 和一個回郵信封．勞您駕把 "授權
書" 填妥簽字後投郵寄回，無任感激．向您報告，現在國家圖書館
正建置一個 "名人手稿系統"，希望把許多老師的手稿墨寶數位掃
描後掛上網站，方便大眾進行學術研究和美學欣賞，這也是資訊時
代社會教育的推廣，影響無遠弗界．祈請

您的大力支持.　耑此

　　敬請

安好

　　　　　　　　　　　　　　晚　杜洪毅上
　　　　　　　　　　　　　　　　　　　2013. 9. 10
　　　　　　　　　　　　　國家圖書館特藏文獻組

　　　　　　　　　　　　　臺北市中山南路 20 號

　　　　　　　　　　　　　Tel：(02)23619132 ext 405

　　　　　　　　　　　　　Fax：(02)23826986

敬啟者荷承

惠贈書刊，深紉　厚誼。除妥為處理、珍藏以供師生閱覽參考之外，

僅此申謝！今後如蒙源源分溉尤為感荷。并頌

教　安

　　此致

　　　　陳老師　福成

　　計領受：「從魯迅文學醫人魂救國魂說起」、「我的革命檔案」、「台

北公館台大考古導覽」、「詩人范揚松論」、「愛河流域」共5冊圖書

國立高雄師範大學圖書館　敬啟

中 華 民 國 103 年 06 月 03 日

真理大學圖書館

敬啟者：頃承

惠贈佳籍深紉　厚意，除編登書目妥為珍藏以供眾覽外，

謹此申謝。今後如蒙源源分溉，尤為感荷。

　　　此　致

陳福成先生

　　　計收：

愛河流域 五位中年男子情詩選 等

共 5 冊

　　　　　　　　　　　　　真理大學圖書館　　　謹啟

　　　　　　　　　　　　　103 年 6 月 19 日

41354 台中市霧峰區柳豐路500號　http://www.asia.edu.tw
No. 500, Lioufong Road, Wufong, Taichung, Taiwan R.O.C. 41354
Tel:+886-4-23323456　Fax:+886-4-23316699

亞洲大學圖書館感謝函

陳福成先生：

　　承蒙　惠贈佳籍，充實本館館藏，嘉惠本校師生良多，謹表謝忱。今後如蒙源源分溉，尤為感荷。

中華民國 103 年 4 月 14 日

計收：

圖書-「第四波戰爭開山鼻祖賓拉登：及戰爭之常變研究要綱」等共 5 冊

41354 台中市霧峰區柳豐路500號　http://www.asia.edu.tw
No. 500, Lioufong Road, Wufong, Taichung, Taiwan R.O.C. 41354
Tel:+886-4-23323456　Fax:+886-4-23316699

亞洲大學圖書館感謝函

陳福成先生：

　　承蒙　惠贈佳籍，充實本館館藏，嘉惠本校師生良多，謹表謝忱。今後如蒙源源分溉，尤為感荷。

中華民國 103 年 6 月 5 日

計收：

圖書-「我的革命檔案」等共 5 冊

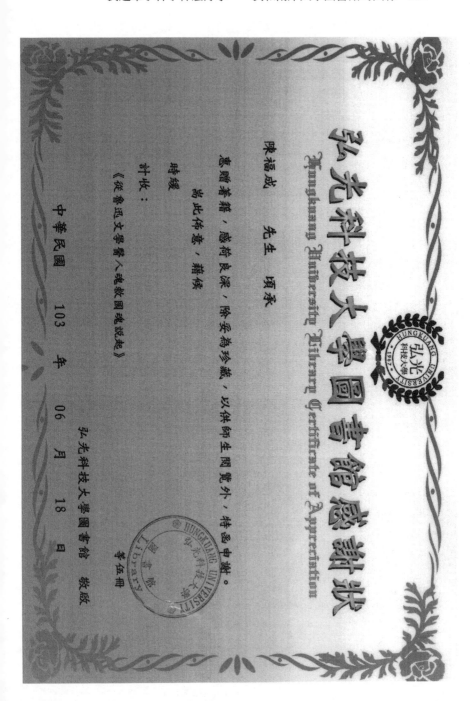

弘光科技大學圖書館感謝狀

Hungkuang University Library Certificate of Appreciation

陳福成　先生　頃承

惠贈書籍，感荷良深，除妥為珍藏，以供師生閱覽外，特函申謝。

尚此佈達，藉候

時綏

計收：

《從魯迅文學醫人魂救國魂說起》

中華民國　103　年　06　月　18　日

弘光科技大學圖書館　敬啟

零位冊

第二篇　大陸地區

師兄弟三人與山西芮城歷山村耆老，2010 年 11 月 3 日，
舜王廟（大舜耕田的地方）。

2009，重慶大學。

捐赠证书

（捐字 2011─31 号）

尊敬的陈福成 先生：

　　荣赐大作，无任感激，尊作《春秋诗选、珠玑作于

谨藏于郑州大学图书馆。毛颖耕学苑、珠玑作于

秋，敬祈再赐新作，尤所企盼！

郑州大学图书馆

2011年 9月 9日

尊敬的 陈福成 先生：

　　您好！

　　我馆收到您的来信，十分欣喜。我馆亟待您能赠送图书丰富馆藏，让更多的人能阅读您的大作。

　　图书馆地址：福建省福州市闽侯上街华佗路 1 号福建中医药大学图书馆；

　　邮编：350122；

　　收件人：林玉婷；

　　公务电话：0591-22861093

　　特致以崇高的敬意和衷心的感谢！

　　致

礼！

福建中医药大学图书馆

2013 年 9 月

感 谢 函

尊敬的 陈福成 先生：

您好！

您赠送的《洄游的鲑鱼》、《台中开发史》等共计四十六种四十九册图书已收到。特致以崇高的敬意和衷心的感谢！

致

礼！

福建中医药大学图书馆

2013 年 10 月

哈爾濱商業大學

尊敬的陈先生:

　　您好!

　　来信收到, 非常感谢您愿意将您的著作赠送给哈尔滨商业大学图书馆! 同时对你取得的学术成就表示敬意!

　　随信附寄我馆希望得到的赠书目录(划√者), 麻烦您邮寄给我们。

　　邮寄地址:

　　中国黑龙江省哈尔滨市松北区学海街1号

　　哈尔滨商业大学图书馆采编部 150028

　　　　周南文化收

　　电话: 0451-84892157

　　手机: 15546313589

　　　　　　　　　　　　　敬礼!

　　　　　　　　　　　哈尔滨商业大学图书馆

　　顺好!　　　　　　　　　2013.9.30日.

漳州师范学院

陈先生：

　　您好！

　　来信收悉。信中我们深深体会到您的爱国之情。两岸同是一家，相信有您这样关心祖国的热心人士的积极推动，我们一定能更好地相互交流，加深彼此的了解。

　　陈先生，作为闽南地区的高校图书馆，我们积极收集有关两岸内容的文献资料，我们很乐意接受您的赠书。书单上用铅笔打勾的图书请陈先生查看其是否有库存，如有，烦请各寄一册，不胜感激！

　　来信请寄：福建省漳州师范学院图书馆办公室。

　　邮编：363000

　　电话：0596-2591417

　　最后祝：

身体健康！心想事成！

漳州师范学院图书馆
2013. 6. 17.

陈福成　：

承赐大著，莫胜感激。现已
收入馆藏，嘉惠学林，功莫大焉。
我馆将悉心保存，望再赐新著。
专此　即颂

万事如意！

所赠书目：

《—僧诗学研究——解剖—只九头诗鹄》壹册
《山西芮城刘焦智〈凤梅人〉报研究》壹册
《"日本问题"的终极处理——廿一世纪中国人的天命与扶桑省建设要纲》贰册
《　》册
《　》册
《　》册

闽南师范大学图书馆
2013 年　月　日

鑒藏處：

承賜大著，至堪感激。現已
收入館藏，嘉惠學林，功莫大焉。
我館將悉心保存，望再賜新著。
　專此　即頌
萬事如意！

附贈書目：

《中國政治思想新詮》壹冊
《中國歷代戰爭新詮》壹冊
《中國近代黨派發展研究新詮》壹冊
《中國四大兵法家新詮》壹冊
《第四批抗爭山真誼寶點戰爭之書室研究兒童編》冊
《幻夢花開一江山》壹冊

漳州師範學院圖書館
2013年　7月　4日

陳福成：

　　承賜大著，曷勝感激。現已收入館藏，嘉惠學林，功莫大焉。我館將悉心保存，望再賜新著。

　　專此　即頌

萬事如意！

所贈書目：

《古晟的誕生陳福成六十回顧詩展》臺　冊

《金秋六人行鄭州山西之旅》臺　冊

《迷情·奇謀·輪回》臺　冊

《漸凍勇士陳宏傳他和劉學慧的傳奇故事》臺　冊

《在鳳梅人小橋上》臺　冊

《嚴謹與浪漫之間范揚松生產神祈與文學風筋》臺　冊

漳州師範學院圖書館

2013 年 7 月 4 日

陳福成：

承賜大著，曷勝感激。現已收入館藏，嘉惠學林，功莫大焉。

我館將悉心保存，望再賜新著。

專此　即頌

萬事如意！

所贈书目：

《神劍與屠刀》臺冊

《春秋紀实》臺冊

《性情世界-陳福成的情詩集》臺冊

《五十不惑-一个军校生的半生塵影》臺冊

《找尋理想國：中国式民主政治研究要綱》臺冊

《台湾边陲之美-行脚诵诗·玺音歌唱》臺冊

漳州师范学院图书馆

2013年　7月　4日

陈福成先生：

您好！很高興收到您的來信！我館願意接受您的無償贈書。
非常感謝您對我們圖書館的厚愛！歡迎您隨時來訪我館。

祝 好！

我館的聯繫方式是：辽宁大连市沙河口区尖山街 217 号

邮編：　　　116025

館長：

固定電話：　0411-84710616

手機：　　　18742520287

電子郵箱：　wangyan@dufe.edu.cn

聯繫人：　　于丽

聯繫電話：0411-84710534

2013 年 6 月 27 日

陈福成先生：

　　您好！您的四箱赠书已经收到，谨此深表谢意并转达王彦
馆长对您的问候！

　　祝您身体健康！

东北财经大学图书馆

于丽

2013 年 7 月 22 日

陈福成先生：

　　您好！

　　非常感谢您给我們圖書館的贈書！祝您在新的一年裏身體健康，

萬事如意！

東北財經大學圖書館

2013 年 12 月 13 日

华侨大学图书馆

HUA QIAO UNIVERSITY LIBRARY

地址： 中国 · 福建 · 泉州
邮编： 362021
电话： 0595 2691561
传真： 0595 2691561

Add: Quanzhou, Fujian , China
Tel/ Fax: 0595 2691561
E-mail: lib@hqu.edu.cn

尊敬的 ＿陈福成＿ 先生：如晤

　　承蒙您对我馆的厚爱，惠赠图书 ＿《从皈依到
短期出家》《金秋六人行》等书4册＿ ，谢谢！

　　您的惠赠丰富了我们的馆藏，我们将在您赠送图书
的扉页上加盖" ＿陈福成 先生＿ 赠送"印章入藏
流通，供读者借阅，分享您的恩惠。

　　谨此，我们代表全校师生向您致以最诚挚的敬意！

　　　　　　　　　　　祝

身体健康，事业发达！

华侨大学图书馆

2012年 5月 10日

华侨大学图书馆

HUA QIAO UNIVERSITY

LIBRARY

地址：中国 · 福建 · 泉州
邮编：362021
电话：0595-2691561
传真：0595-2691561

Add: Quanzhou, Fujian , China

Tel/ Fax: 0595-2691561

E-mail: lib@hqu.edu.cn

尊敬的 <u>陈福成 先生</u> ：如晤

　　承蒙您对我馆的厚爱，惠赠图书 <u>《政治学方法论46个关键问题</u>
<u>《我们的春秋大业》等共7册</u> ，谢谢！

　　您的惠赠丰富了我们的馆藏，我们将在您赠送图书
的扉页上加盖" <u>陈福成 先生</u> 赠送"印章入藏
流通，供读者借阅，分享您的恩惠。

　　谨此，我们代表全校师生向您致以最诚挚的敬意！

　　　　　　　　　　祝

身体健康，事业发达！

华侨大学图书馆

2012年 11月13日

华侨大学图书馆

HUA QIAO UNIVERSITY LIBRARY

地址：中国·福建·泉州
邮编：362021
电话：0595-22691561
传真：0595-22691561

Add: Quanzhou, Fujian , China
Tel/ Fax: 0595-22691561
E-mail: libo@hqu.edu.cn

尊敬的：　陈福成　先生 如晤

　　承蒙您对我馆的厚爱，惠赠图书《一信诗学研究一解剖一双九头诗鹄》等共四册二份致谢！

　　您的惠赠丰富了我们的馆藏，我们将在您赠送图书的扉页上加盖" 陈福成　先生 赠送"印章入藏流通，供读者借阅，分享您的恩惠。

　　谨此，我们代表全校师生向您致以最诚挚的敬意！

　　祝:身体健康，事业发达！

华侨大学图书馆
2013 年 10 月 14 日

FROM:

姓　名：图书馆采访部

单　位：华侨大学

地　址：中国福建省泉州市丰泽区城华北路269号

邮　编：362021　　CHINA

秋中湖

航　空
PAR AVION

HUAQIAO UNIVERSITY　華僑大学

华侨大学图书馆

HUA QIAO UNIVERSITY LIBRARY

地址：中国·福建·泉州
邮编：362021
电话：0595-2691561
传真：0595-2691561

Add: Quanzhou, Fujian, China
Tel/ Fax: 0595-2691561
E-mail: lib@hqu.edu.cn

尊敬的 陈 福成 先生 ：如晤

承蒙您对我馆的厚爱，惠赠图书 《我所知道的孙大公：黄埔28期孙大公研究》《找寻理想国》共三册 ，谢谢！

您的惠赠丰富了我们的馆藏，我们将在您赠送图书的扉页上加盖" 陈 福成 先生 赠送"印章入藏流通，供读者借阅，分享您的恩惠。

谨此，我们代表全校师生向您致以最诚挚的敬意！

祝

身体健康，事业发达！

华侨大学图书馆

2011 年 5 月 13 日

华侨大学图书馆

HUA QIAO UNIVERSITY
LIBRARY

地址: 中国·福建·泉州

邮编: 362021

电话: 0595-2691561

传真: 0595-2691561

Add: Quanzhou, Fujian , China

Tel/ Fax: 0595-2691561

E-mail: lib@hqu.edu.cn

尊敬的 <u>陈 福成 先生</u>：如晤

　　承蒙您对我馆的厚爱，惠赠图书 <u>《幻梦花开一</u>
<u>江山》以解开两岸大吊诡》等 16册</u>，谢谢！

　　您的惠赠丰富了我们的馆藏，我们将在您赠送图书
的扉页上加盖" <u>陈·福成 先生</u> 赠送"印章入藏
流通，供读者借阅，分享您的恩惠。

　　谨此，我们代表全校师生向您致以最诚挚的敬意！

　　　　　　　　　　祝

身体健康，事业发达！

华侨大学图书馆

2011年 9 月 20 日

华侨大学图书馆

HUA QIAO UNIVERSITY LIBRARY

地址：中国·福建·泉州
邮编：362021
电话：0595-2691561
传真：0595-2691561

Add: Quanzhou, Fujian, China
Tel/ Fax: 0595-2691561
E-mail: lib@hqu.edu.cn

尊敬的　陳福成　先生：如晤

　　承蒙您对我馆的厚爱，惠赠图书《春秋诗选》《性情世界》等图书 22 种 22 册，谢谢！

　　您的惠赠丰富了我们的馆藏，我们将在您赠送图书的扉页上加盖"　陳福成　先生　赠送"印章入藏流通，供读者借阅，分享您的恩惠。

　　谨此，我们代表全校师生向您致以最诚挚的敬意！

　　　　　　　　　　　　祝

身体健康，事业发达！

华侨大学图书馆
2011年 6月21日

陈福成先生：

　　您好！

　　来信收悉，我们身隔两岸，都同为炎黄子孙，我们对您的爱国情怀和志向，表示崇敬，对您所列的书目，我们很感兴趣，十分乐意接受您的赠书。

　　书收到后，我们会给您寄去收藏荣誉证书，以感谢您对广西民族大学图书馆的关心与支持！希望您以后再有新作，再给我们赠来。

　　祝您工作顺利，身体健康，万事如意！

广西民族大学图书馆

馆长：

2011 年 4 月 21 日

附联系方式：

广西壮族自治区南宁市大学东路 188 号

广西民族大学图书馆，邮编 530006

广西民族大学图书馆

捐赠荣誉证

陈福成先生

您捐赠的"中国历代战争"等_____ 共4册

已被我馆收藏，衷心感谢您对我馆藏书建设的

关心与支持。

特发此证，以示铭谢！

广西民族大学图书馆

2011年10月13日

陈福成先生：

　　您好！

　　今天，欣喜地收到您惠赠我校的 **24** 本图书，我们虽隔海陆两岸，但都为了祖国和平繁荣努力不息。有幸得先生馈赠之书，受益良多，在此谨向先生致谢！希望在今后的日子里我们能有更多往来，互通有无。

　　祝宝岛台湾蒸蒸日上，也祝愿您幸福安康，万事顺意！

广西民族大学图书馆

馆长：

（李冠盛）

2011 年 **6** 月 **13** 日

感 谢 信

陈福成　女士/先生

您好!

您惠赠的 我所知道的孙大公/ 找寻理想国:中国式民主政治研究要纲 图书

2/1 册(套), 本馆已收到, 我们将悉心收藏,
以此回报您对我们工作的支持。

大厦巍然, 梁椽共举, 慷慨捐书, 以资后学!
对您的惠赠, 我们表示诚挚的谢意和深深的敬意。

敬祝

安康!

西南大学图书馆馆长

2011年 12月 9 日

尊敬的陳先生:

您好！

　　因放暑假耽誤了給您及時回信，怠慢之處敬請原諒。

　　非常感謝您的慷慨捐贈，您的著作本館很需要，我們非常樂意接

受您的贈書。

地址：中國重慶市北碚區天生路 1 號西南大學圖書館文獻資源部

郵編：400716

收件人：趙曉菡　電話：86-023-68253789

敬祝秋安！

西南大學圖書館

趙曉菡

2013.9.9

山东科技大学六十周年校庆
The 60th Anniversary of Shandong University of Science and Technology

陳福成先生：

您好！

承蒙惠意贈书刊，谨表谢意！

今两箱共计二七册著作已悉数收到

并珍藏，特回寄收藏证书及小礼品一份，

不成敬意，聊表纪念。

同时转达我们馆长对先生的谢挚

感谢！谨祝

平安喜乐！

山东科技大学图书馆

二○一一年六月十日

尊敬的陈先生：

　　您好！

　　来信已收到，我馆愿意接受您的赠书，并对您的捐赠表示深深的谢意。

　　另外，捐赠图书是否需要什么官方手续？运费问题怎样解决？还有为了方便联系，请用电子邮件联系，我方的邮箱是 <u>tsgwhq@163.com</u>　联系人王慧秋，也请告知您的电邮。

　　再次对您的捐赠表示感谢，谢谢！

　　　　　　此致

　　　　　　　　敬礼

　　　　　　山东科技大学图书馆

　　　　　　2011.5.11

附我馆的详细地址：

邮政编码 266510

详细地址　山东省青岛市经济开发区前湾港路 579 号

　　　　　山东科技大学图书馆

电话 0532 86057626（馆长办公室）

　　　0532 86057136（采编室）联系人　王慧秋

陳福成 女士/先生 臺鑒：

　　惠贈《大陸政策与两岸关系 台大逸仙学会》等多种

圖書稿 27 册業已列入館藏。

對您嘉惠學林之舉，深表謝忱。

　　　　即頌

時綏

厦門大學圖書館館長

2012年2月22日

陈福成 女士
先生 臺鑒：

　　惠贈《最自在的是彩霞》等
七　種　七　册業已列入館藏。
對您嘉惠學林之舉，深表謝忱。

　　　　即頌

時綏

　　　　　厦門大學圖書館館長：

2012 年12月

台灣台北市萬盛街74-1巷2樓

陳　福成　先生收

PAR AVION

福建　廈大

2012.12.14

中國郵票

¥兩1.50

（DA20）

廈门大圣圖书馆
Xiamen University Library
HTTP://Library.xmu.edu.cn　TEL/FAX:0592-2182360

郵政編碼：361005

陳福成 女士先生 臺鑒：

惠贈 6 種

⑥凤楷人(报纸)
①中国神谱　　④神剑与屠刀
②金秋六人行　⑤中国神話传说
③从皈依到短期出家 ⑥囚徒海歌，諸记
册業已列入館藏。

對您嘉惠學林之舉，深表謝忱。

　　　即頌

時綏

廈門大學圖書館館長

2012年 5月 23日

陳福成、女士
　　　　先生 臺鑒：

惠贈《神剑与屠刀
　　　　顿悟学习　　　　》等

2種 2 　册業已列入館藏。

對您嘉惠學林之舉，深表謝忱。

　　　　即頌

時綏

廈門大學圖書館館長：

2011年12月20日

收藏证书
COLLECTIONCREDENTIAL
NO. ZZUL1L2029

尊敬的陈福成先生：

承蒙惠赠专著《神剑与屠刀》等共计 58 册，必事推重，实为珍藏，善加利用。您心系我馆藏书建设，功在传播科学文化，特颁此证，深表敬意！

谨致谢忱！

收藏单位：郑州轻工业学院图书馆

2013 年 时侯日

2013年7月17日，台灣社會人士陳福成先生向我校圖書館捐贈圖書

陳福成先生對圖書文獻資源建設工作的大力支持。

2013年7月17日，台灣社會人士陳福成先生向我校圖書館捐贈圖書54冊，其中個人著作52冊，我們在此表示衷心的感謝，感謝

2013年10月8日，台灣社會人士陳福成先生再次向我校圖書館捐贈個人專著4冊。我們在此表示衷心的感謝，感謝陳福成先生對圖書館文獻資源建設工作的大力支持。

陈福成先生：

您好！

　来信收到，您心系祖国，关爱高校，并把著作捐赠给郑州轻工业学校图书馆，我们非常高兴。我们可以将您惠赠的图书，在图书馆设置图书专架展示存放您的作品，并在校园网上发布捐赠信息，同时给您寄送捐赠证书。因图书专架需挂牌个人简介，赠书时请另附。在此，对您的诚挚之心深表感谢！希望早日拜读您的大作！

联系方式：

地址：河南省郑州市东风路 5 号郑州轻工业学院图书馆 109 室　邮编：450002

办公电话：0371-63556759

联系人：吴起立

郑州轻工业学院图书馆

2013 年 7 月 2 日

以作紀念。

已被我館永久信藏，特發此證

您的大作陳福成先生：收藏之祥宅等

西藏師大圖書館

收藏證

陈福成先生（女士）：

　　我们已于2011年10月10日收到您的赠书 壹 种 壹 册。

您对西部地区教育事业的关心与支持，将与您的赠书一道

永远留在我馆和我们心中。

　　赠书是：

　　五十不惑

西华师范大学图书馆

2011年10月10日

陈福成 先生（女士）：

　　我们已于2011年11月15日收到您的赠书 叁拾 种肆拾贰册。

您对西部地区教育事业的关心与支持，将与您的赠书一道

永远留在我馆和我们心中。

西华师范大学图书馆

2011年11月15日

陈福成 先生（女士）：

我们已于2012年5月8日收到您的赠书肆 种肆 册。

您对西部地区教育事业的关心与支持，将与您的赠书一道

永远留在我馆和我们心中。

西华师范大学图书馆

2012年5月8日

陈福成 先生（女士）：

我们已于2012年11月13日收到您的赠书柒 种捌 册。

您对西部地区教育事业的关心与支持，将与您的赠书一道

永远留在我馆和我们心中。

西华师范大学图书馆

2012年11月13日

陈福成先生：您好！

　　赠书函已收到。非常荣幸的获悉，您能将您的著作和编译的图书无偿的赠送给我们图书馆，在此，先表示我们衷心的感谢。

　　根据您提供的目录，也考虑到我们馆藏需要，选出了 20 余种图书（见附页打勾 √ 的图书），在您方便的时候，用方便的传递方式发送给我们。

　　最后，希望我们国家早日实现和平统一！

　　祝：陈先生身体健康！

赠书接收单位：

　　地址：四川省成都市二环路北一段 111 号　西南交通大学图

　　　　书馆文献部

　　邮编：610031

　　收件人：杨平鲜

联系方式：

　　E-Mail: pxyang@home.swjtu.edu.cn

　　电话：028-87601554

　　　（周一～周五　上午 8:00-11:30；下午 2:30-5:30）

杨平鲜

2011-4-26

陳福先生：

您贈送的

圖書《經學論叢》等 25 種

已被我館收藏，

謹對您的支持，

感謝您對圖書館文

獻建設的捐贈。

西南大學圖書館

二○一○年十一月

荣誉证书

陈海成先生：

您为我校图书馆捐赠《迎游的鸥岛》

共56册图书，感谢您为我校图书馆建设和中医药教育事

业的发展所作出的贡献。

特发此证存念。

成都中医药大学图书馆

2011年　月　日

陈福成先生捐赠图书
书　　单

迷情奇谋轮回 1.2.3、修订本	6
性情世界	1
春秋诗选	1
幻梦花间一江山	1
历史上的三把利刃	1
五十不惑	1
顿悟学习	2
公主与王子的梦幻	2
古道秋风瘦笔	1
从地狱归来	1
国家安全与战略关系	1
一个军校生的台大闲情	1
国家安全论坛	1
春秋正义	1
春秋记实	1
第四波战争开山鼻祖宾拉登	2
找寻理想国	2
我所知道的孙大公	1
孙子实战经验研究	1
解开两岸 10 大弔诡	1
中国四大兵法家新诠	1
中国历代战争新诠	1
中国近代党派发展研究新诠	1
中国政治思想新诠	1
赤县行脚神州心旅	1
政策与两岸关系	1
	2
	1
男人和女人的情话真话	1
洄游的鲑鱼	1
在"凤梅人"小桥上	1
三月诗会研究	1
山西芮城刘焦智《凤梅人》报研究	1
渐冻勇士陈宏傅	1

共计：44 册

湖南师范大学图书馆

2013.04.03

编号：**09425**

收 藏 证

陈福成 先生：

　　承蒙惠赠大作《　·找寻理想国　》等，

凡　壹　册（幅）。先生的大作已被我馆

列为永久性收藏，并立专架展阅，以飨读者。

为表谢忱，谨颁此证。

湖南师范

2011 年 12

编号：**09426**

收 藏 证

陈福成 先生：

　　承蒙惠赠大作《　春秋正义　》等，

凡　壹　册（幅）。先生的大作已被我馆

列为永久性收藏，并立专架展阅，以飨读者。

为表谢忱，谨颁此证。

湖南师范

2011 年 12

编号: 09523

收 藏 证

陈福成 先生:

　　承蒙惠赠大作《大浩劫后 》等,

凡 陆 册（幅）。先生的大作已被我馆

列为永久性收藏,并立专架展阅,以飨读者。

为表谢忱,谨颁此证。

湖南师范大学图书馆

2012 年 11 月 08 日

编号: 09568

收 藏 证

陈福成 先生:

　　承蒙惠赠大作《 性情世界 》等,

凡 肆拾肆册（幅）。先生的大作已被我馆

列为永久性收藏,并立专架展阅,以飨读者。

为表谢忱,谨颁此证。

湖南师范大学图书馆

2013 年 04 月 08 日

陈福成先生台鉴：

　　来函拜悉，感谢先生身居宝岛心系祖国的殷殷情怀。先生拟赠图书我馆将妥为收藏保管利用，身体力行弘大先生义举，共同延续中华民族的文化传承。谢谢！

山西农业大学图书馆

2013-6-27

地址：山西省太谷县

邮编：030801

单位名称：山西农业大学图书馆

联系人：张e娥　（0354－6288823）

河南大學圖書館

贈書感謝狀

尊敬的陳福成先生

承蒙惠贈典籍琴種(附件)，沾溉學林，同深
感激。已奉雅意，悉心珍藏，以供眾覽，專此布達，
敬申謝忱！

河南大學圖書館館長　李景文

2013年2月30日

图书收藏证

尊敬的 陈福成 先生

您好！西北工业大学图书馆创建于抗日战争时期的1938年。建馆以来，全校师生员工、广大校友和社会各界的捐赠对图书馆馆藏的不断丰富发挥了重要作用。为了把西北工业大学图书馆建成与"国内一流，国际知名"高水平研究型大学相适应的一流大学图书馆，我们热忱欢迎社会各界向图书馆捐赠图书。

您捐赠的《山西两棵树》集《风格人》旅行光 》等图书共 56 册已由我馆悉数收讫。深荷厚意，特发此证，以资谢忱。

西北工业大学图书馆

2013 年 9 月 30 日

Dear Sir / Madam,

　　Peking University Library acknowledges, with many thanks, the receipt of the publication(s) listed as following:

And hope to receive other publications from you in future.

Sincerely yours
Peking University Library

尊敬的陳福成先生：

承蒙饋贈

《我們的春秋大業》

《西洋政治思想史概述》等共七冊

特此致謝！所贈圖籍將提供專家

學者研究使用。敬謝之余，尚冀

續有賜贈，以實典藏。

北京大學圖書館

2012 年11月12日

北京大學圖書館
PEKING UNIVERSITY LIBRARY

北京大學圖書館
PEKING UNIVERSITY LIBRARY

Dear Sir / Madam,

Peking University Library acknowledges, with many thanks, the receipt of the publication(s) listed as following:

And hope to receive other publications from you in future.

Sincerely yours
Peking University Library

北京大學圖書館
PEKING UNIVERSITY LIBRARY

尊敬的　陳福成先生：

承蒙饋贈

《找尋理想國》《我所知道的孫大

公》各一冊

特此致謝！所贈圖籍將提供專家

學者研究使用。敬謝之余，尚冀

續有賜贈，以實典藏。

北京大學圖書館

2011 年 5 月 10 日

Dear Sir / Madam,

Peking University Library acknowledges, with many thanks, the receipt of the publication(s) listed as following:

And hope to receive other publications from you in future.

Sincerely yours
Peking University Library

北京大學圖書館
PEKING UNIVERSITY LIBRARY

尊敬的陳福成先生：

承蒙饋贈

《一個軍校生的台大閒情》《頓悟學習》《春秋正義》等共十五冊

特此致謝！所贈圖籍將提供專家學者研究使用。敬謝之余，尚冀續有賜贈，以實典藏。

北京大學圖書館
2012年3月8日

尊敬的陳福成先生：

承蒙饋贈

个人著作共计二十五册

特此致謝！所贈圖籍將提供專家
學者研究使用。敬謝之余，尚冀
續有賜贈，以實典藏。

北京大學圖書館

二〇一一年7月日

Dear Sir / Madam,

Peking University Library acknowledges, with many thanks, the receipt of the publication(s) listed as following:

And hope to receive other publications from you in future.

Sincerely yours

Peking University Library

北京大學圖書館
PEKING UNIVERSITY LIBRARY

清華大學圖書館

中国　北京　100084

电话/Phone：62784591

http://www.lib.tsinghua.edu.cn

Tsinghua University
Library

Beijing 100084 China

传真/Fax：86-10-62781758

尊敬的陳福成先生：

　　您好！

　　您贈送的圖書《找尋理想國：中國式民主政治研究綱要》、《我所知道的孫大公》，業已收到。茲將回條寄上，特此致謝！敬謝之余，尚冀加強聯繫，續有惠贈，以實典藏。

清華大學圖書館
晏凌　敬上
2011 年 7 月 15 號

Tsinghua University
Beijing 100084
The People's Republic of China

中国 北京

清華大學

陳福成

台北市方盛街 74-1號 2F

台灣

陈先生：　您好

　　您捐赠图书的清单收到，我们用红笔选划了 18 种，感谢您的惠赠。

　　地址：

北京市西城区木樨地南里中国人民公安大学图书馆　张艺老师收

邮政编码：100038

电话：　83903223

清華大學圖書館

Tsinghua University Library

中國　北京　100084

電話/Phone: 62784591

http://www.lib.tsinghua.edu.cn

Beijing 100084 China

傳真/Fax:86-10-62781758

尊敬的陳福成先生：

　　您好！

　　您贈送的圖書業已收到（詳見清單）。茲將回條寄上，特此致謝！敬謝之余，尚冀加強聯繫，續有惠贈，以實典藏。

清華大學圖書館

晏淩　敬上

2011 年 12 月 20 號

書目清單（共計 28 种/51 册）：

1、　一個軍校生的台大閒情
2、　八方風雲　性情世界
3、　迷情・奇謀・輪回
4、　在"鳳梅人"小橋上
5、　山西芮城劉焦智《鳳梅人》報研究
6、　我所知道的孫大公
7、　漸凍勇士陳宏傳
8、　三月詩會研究：春秋大業十八年
9、　國家安全與戰略關係
10、　男人和女人的情話真話
11、　愛倫坡恐怖推理小說經典新選
12、　回游的鮭魚
13、　春秋詩選
14、　性情世界：陳福成的情詩集
15、　幻夢花開一江山
16、　中國近代黨派發展研究新詮
17、　中國政治思想新詮
18、　中國歷代戰爭新詮
19、　中國四大兵法家新詮
20、　大陸政策與兩岸關係
21、　解開兩岸 10 大吊詭
22、　新領導與管理實務
23、　古道・秋風・瘦筆
24、　孫子實戰經驗研究
25、　大浩劫後
26、　第四波戰爭開山鼻祖賓拉登
27、　找尋理想國
28、　國家安全論壇

陈福成先生：

　　您好！

　　收到您的来信，得知您愿意慷慨的捐赠自己的著作到中国政法大学图书馆，非常感谢您对我校图书馆文献资源建设的支持和帮助，经馆藏查询将需要的书目清单给您。望在邮寄之前给我回复确定捐赠书目，方便我办理相关手续。

　　祝好！

刘鸿霞馆员

邮寄地址：北京市海淀区西土城路 25 号

　　　　　中国政法大学图书馆文献资源部

邮编：100088

联系人：刘鸿霞馆员

电话：010-58908308（办公）　　18611195860（手机）

Email：hongxial@cupl.edu.cn

陳先生，您好！

　　我是中央民族大學圖書館的工作人員。閱讀您的來函，感謝您心系祖國的教育事業。我們學校很需要您的著作，如果可以我們很樂意接受您的饋贈。非常感謝。

我們的詳細地址如下：

北京市海澱區中關村南大街 27 號中央民族大學圖書館；郵編：100081

電話是：01068932417 轉 1056 或 01068932317 轉 1056 ；

收件人：採編部

　　　　　　　　　　　　　　　　　　　　　　致

禮！

　　　　　　　　　　　　　　中央民族大學圖書館採編部

　　　　　　　　　　　　　　　　2013-07-06

尊敬的陈福成先生：

　　兹收到您的赠书

　　《三月诗会研究：春秋大业十八年》、《春秋诗选》、《顿悟学习》、《新领导与管理实务：新丛林时代领袖群论的政治智慧》、《渐冻勇士陈宏传：他和刘学慧的传奇故事》等著作共二十三种二十八册。

　　衷心感谢您对复旦大学文献资源建设的大力支持。

复旦大学图书馆

2011年9月27日

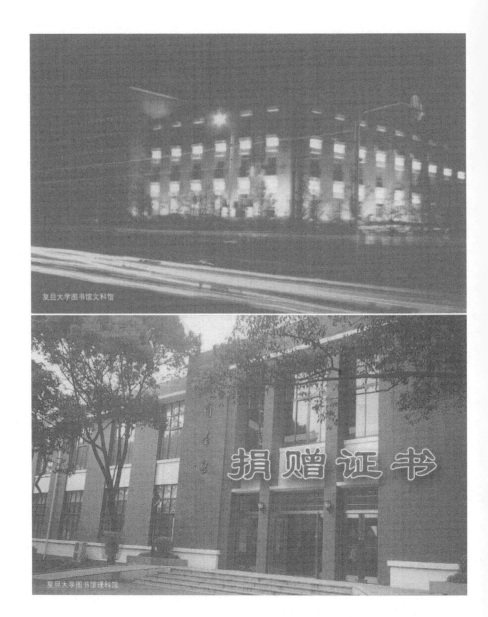

复旦大学图书馆文科馆

复旦大学图书馆理科馆

年　月　日　　　　　第　頁共　頁

陳福成 先生:

　　您好!

　　請您 按實際 情況 为我馆 提供捐贈

　　书单中 32、43 我馆已有收藏. 其余书籍 均可接受捐贈

　　表示感谢!

　　邮寄地址:

　　　　上海市邯郸路220号复旦大学图书馆采编部

　　　　邮政编码: 200433

　　　　　　　　　赵睿杰.

　　　　　　　　　复旦大学图书馆采编部

　　　　　　　　　2011.4.29.

尊敬的　陳福成先生：

　　　　　茲收到您的贈書

西洋政治思想概述　　　　　　1 冊

政治學方法論 46 個關鍵問題　1 冊

最自在的是彩霞　　　　　　　1 冊

大浩劫後　　　　　　　　　　1 冊

迷情·奇謀·輪回　　　　　　1 冊

我們的春秋大業　　　　　　　2 冊

衷心感謝您对复旦大学文献资源建设的大力支持。

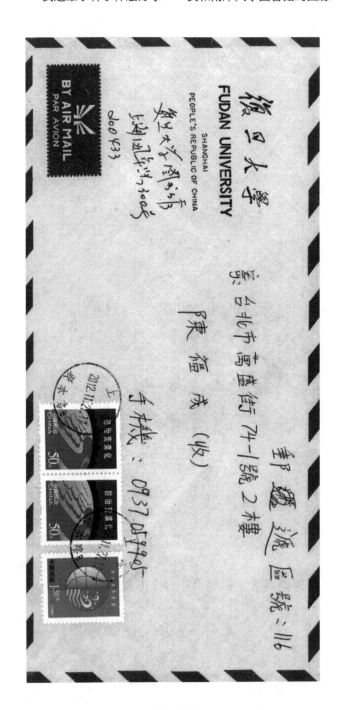

尊敬的陈福成先生：

　　　益收到您的赠书

春秋记实 1 册

为中华民族的生存发展进百书疏-孙大公的思想

主张书函手稿 1 册

日本问题的终极处理-廿一世纪中国人的天命与

扶桑省建设要纲 2 册

一信诗学研究-解剖一只九头诗鹄 1 册

　　　衷心感谢您对复旦大学文献资源建

设的大力支持。

FUDAN UNIVERSITY

SHANGHAI
PEOPLE'S REPUBLIC OF CHINA

复旦大学图书馆
2012年12月19日
图书馆

复旦大学图书馆文科馆

复旦大学图书馆理科馆

陈先生，您好！

　　您的来信收到，非常感谢您对大陆图书馆关心与支持。经过审视，您的书目中所列图书大部份都适合我校师生阅读。这些赠书，对于我馆的馆藏建设和全校师生的学术研究定将有极大的帮助。因此，我馆非常欢迎接收您的赠书。收到赠书后，我馆会给您寄回一份正式回执（荣誉证书）。我馆邮寄地址和联系业务人：

北京新街口外大街 19 号　100875

北京师范大学图书馆

电话（010）5880 8088

E-Mail：niuzl@lib.bnu.edu,cn

接收赠书负责人：牛宗林

顺致夏安！

北京师范大学图书馆

牛宗林

2013 年 6 月 20 日

敬啟者：

　　陳福成先生　您好！

　　7月16日收到您寄贈來圖書共3箱40冊．

　　非常感謝你對我館館藏建設的支持與關注，

　　我們將盡快將這批圖書編同入藏，以供我校

　　師生閱覽。如有今後有新的著作，謹請您繼續

　　惠贈本館．我們將感激不盡。

　　祝陳先生身体健康，新著續出，万事順利！

　　順祝夏安！

北京师范大学图书館

牛家林

2013.7.17.

陈福成先生赠书清单

1.《中国四大兵法家新诠》　　　　　　　　　　　　　　　　1 册

2.《中国历代战争新诠》　　　　　　　　　　　　　　　　　1 册

3.《中国政治思想新诠》　　　　　　　　　　　　　　　　　1 册

4.《"日本问题"的终极处理——二十一世纪中国人的天命与扶桑省建设要纲》　2 册

5.《找寻理想国——中国式民主政治研究纲要》　　　　　　　1 册

6.《幻梦花开一江山》　　　　　　　　　　　　　　　　　　2 册

7.《一个军校生的台大闲情》　　　　　　　　　　　　　　　2 册

8.《大浩劫后——日本东京都知事石原慎太郎"天谴说"溯源探解》　2 册

9.《神剑与屠刀》　　　　　　　　　　　　　　　　　　　　1 册

10.《台湾边陲之美——行脚诵诗·跫音歌唱》　　　　　　　　1 册

总计：10 种 14 册。

Dear Sir／Madam,

Beijing Normal University Library acknowledges, with many thanks, the receipt of the publication(s) listed as following:

And hope to receive other publication from you in future.

Sincerely yours

Beijing Normal University Library

北京师范大学图书馆
Beijing Normal University Library

尊敬的 珠宇福沃 先生／女士

承賜：

海峡见闻录

漢書卷十神十四册

即當妥為編目珍藏，以供众览。謹奉寸箋，特致謝忱！敬謝之余，尚冀先生及友人續有惠贈，以实典藏。

北京师范大学图书馆

二〇一三年

荣誉证书

陈福成 先生于 2013 年 7 月 17 日向我馆赠送图书 40 种 40 册。我馆将分编入藏，以飨读者，谨奉寸缳，特致谢忱！

北京师范大学图书馆
2013 年 7 月 17 日

Dear Sir/Madam,

Beijing Normal University Library acknowledges, with many thanks, the receipt of the publication(s) listed as following:

And hope to receive other publication from you in future.

Sincerely yours

Beijing Normal University Library

尊敬的[　　]先生／女士：

承賜

《一信滄海不浮沉》、

《山中的歲月——[　　]的故事》、

《[　　]》、《[　　]》

[　　]

將編入藏，以饗讀者。先生厚愛，澤被館藏，謹奉寸箋，特致謝忱！敬謝之餘，尚冀先生及先生的友人續有賜贈，以實典藏。

北京師範大學圖書館

2013 年 月 日

感謝信

陳福成先生：

　　您贈送給我館的《中國四大兵法家新詮》等 34 種圖書（共 41 冊，價值新臺幣 11800 元，詳單附後）俱已收悉，現已為浙江師範大學圖書館收藏。立言之德，不勝感激，特此致謝。

浙江師範大學圖書館

2011 年 11 月 3 日

陳先生：

　　您好！

　　很高興收到您的捐贈函，也很爲您的赤子之心所感動，兩岸交流、和平統壹是我們中華兒女的共同心聲，我們都熱切地盼望著這壹天早日到來！

　　仔細看過您的作品清單，內容之廣、數量之多，令人嘆服！為使您的捐贈得到最大化利用，根據我校的學科建設和館藏結搆，我館期待能有倖收藏以下 14 部作品：

　　《孫子實戰經驗研究：孫武怎樣親自驗證<十三篇>》
　　《從地獄歸來：愛倫坡（Edgar Allan Poe）小說選》
　　《尋找一座山：陳福成創作集》
　　《五十不惑：一個軍校生的半生塵影》
　　《歷史上的三把利刃：部落主義、種族主義、民族主義》
　　《春秋正義》
　　《頓悟學習》
　　《愛倫坡（恐怖推理）小說經典新選》
　　《南京大屠殺圖相：中國人不能忘的記憶》
　　《洄遊的鮭魚：重慶、成都之旅》
　　《山西芮城劉焦智<鳳梅人>報研究》
　　《古道‧秋風‧瘦筆》
　　《三月詩會研究：台灣詩社小團體》
　　《山西芮城三人行旅行文學》

　　贈書聯系人：趙瓊
　　地址：浙江省金華市迎賓大道 688 浙江師範大學圖書館采編部
　　郵編：321004
　　E-mail：zhaoqiong@zjnu.cn
　　辦公電話：+86-579-82282526

　　期待早日見到您的大作！也期待早日看到祖國的統壹！

　　遙遠的祝福！

　　致

禮！

　　　　　　　　　　　　　浙江師範大學圖書館采編部
　　　　　　　　　　　　　二〇壹壹年九月二十六日

含珠韞玉

嘉惠學林

陳福成 先生

　　您承賜之大作《政治學方法論46个关键问题》現已宝藏浙江师范大学图书馆，将作永久陈列。佳赐之惠，不胜感激。

浙江师范大学图书馆

2012 年11 月19日

含珠韫玉

嘉惠学林

陈福成先生

　　您承赐之大作 《西洋政治思想史概述》
现已宝藏浙江师范大学图书馆，将作永久陈列。
佳赐之惠，不胜感激。

浙江师范大学图书馆
2012 年11月29日

含珠韞玉

嘉惠学林

陈福成 先生

　　您承赐之大作《诗艺浩瀚》
现已宝藏浙江师范大学图书馆，将作永久陈列。
佳赐之惠，不胜感激。

浙江师范大学图书馆
2012年11月29日

含珠韞玉

嘉惠学林

陈福成先生

　　您承赐之大作《我们的春秋大业——三月诗会二十年别集》现已宝藏浙江师范大学图书馆，将作永久陈列。佳赐之惠，不胜感激。

浙江师范大学图书馆

2012年11月29日

含珠韞玉

嘉惠学林

陈福成先生

　　您承赐之大作《山西芮城刘焦智《凤梅人》报研究：两文化文学艺术交流》现已宝藏浙江师范大学图书馆，将作永久陈列。佳赐之惠，不胜感激。

浙江师范大学图书馆

2013年10月10日

含珠韞玉

嘉惠学林

陈福成 先生

《"日本问题"以终极处理：

　　您承赐之大作 廿一世纪中国人以天命与扶桑省建汉连纲》
现已宝藏浙江师范大学图书馆，将作永久陈列。（2册）
佳赐之惠，不胜感激。

浙江师范大学图书馆
2013 年 10 月 1 日

含珠韞玉

嘉惠学林

陈福成先生

　　您承赐之大作 《为中华民族以生在发展进自出琉：孙大公以思想主张出函手稿》
现已宝藏浙江师范大学图书馆，将作永久陈列。
佳赐之惠，不胜感激。

浙江师范大学图书馆
2013年10月10日

含珠韫玉

嘉惠学林

林福成 先生

　　您承赐之大作《《第四波战争开山鼻祖宾拉登：
　　　　　　　　　及战争之嬗变研究专辑》》
现已宝藏浙江师范大学图书馆，将作永久陈列。
佳赐之惠，不胜感激。

浙江师范大学图书馆
2013 年 10月 10日

山東大學

陈福成　先生钧鉴：

惠贈《五十不惑、连作，春秋、玫瑰》等瑞册

已列架珍藏。对您泽被馆藏嘉益学子之举，深表谢意。

日后若蒙续赠，尚祈题款钤印，以资永久纪念。

专颂

台安

Dear Sir/Madam:

I am writing to acknowledge, with gratitude, your donation of books to the Shandong University Library. Your generosity is deeply appreciated.

We have completed in processing the books, and have made them available to our students and faculty for their research and teaching.

I hope that we will continue to benefit from your thoughtfulness and generosity in the future. And we would be delighted if you would be kind enough to inscribe them whenever you donate your own books to us.

With warmest regards.

Sincerely yours,

Director of the Shandong University Library

2012年 6月18日

恭·賀·新·禧

Season's Greetings And Best Wishes For The New Year

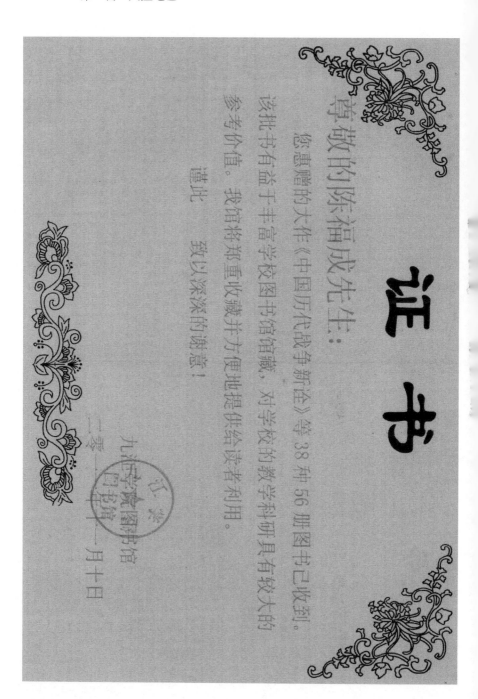

证 书

尊敬的陈福成先生：

您惠赠的大作《中国历代战争新诠》等38种56册图书已收到，这批书有益于丰富学校图书馆馆藏，对学校的教学科研具有较大的参考价值。我馆将郑重收藏并方便地提供给读者利用。

谨此　致以深深的谢意！

九江学院图书馆
二零一一年一月十日

九江学院图书馆

尊敬的陈福成先生：

　　您向图书馆赠送著作的函已收到，非常钦佩您支持文教事业的高尚举动。我馆将荣幸地接受您的赠书（接受赠书书目另纸奉上），并会尽快整理上架，以供读者学习、研究之用。

　　感谢您对我馆工作的帮助和支持！欢迎您在方便的时间到我校交流访问。

　　　　　　　　祝

身体康健！万事顺遂！

九江学院图书馆
2011 年 10 月 13 日

地　址：长春市新城大街2888号　邮　编：130118 电　话：0431—84533001
传　真：0431—84531264　网　址：http://www.jlau.edu.cn

尊敬的陈老师：

　　您好！很高兴收到您的来信，我们很愿意收藏您的著作，如果您方便请把您的作品每种寄来一册。

我的地址：　　　　　　　　　邮编 130118

　　　　吉林省长春市新城大街2888号
　　　　吉林农业大学图书馆
　　　　李 亚 波 (收)

　　　　　　　办公电话： 0431-84533499

我代表全校师生向您表示敬意和谢意！

　　祝： 身体健康！一切如意！

　　　　　　　　　　　　　　　　李亚波

　　　　　　　　　　　　　　　2013年 6月 27日

收藏证书

吉农图收字013第19号

陈福成老师：

　　您于2013年7月赠《国家安全论坛》等图书共计53册，已被我馆收藏，特发此证，以示感谢与纪念。

吉林农业大学图书馆
二〇一三年七月

尊敬的陈福成先生：

您好！您为海大图书馆捐赠的著作《为中华民族的生存发展进百书疏》等五册书，已收到，非常感谢！现寄上赠书收藏证一份，敬请收纳。

另外，您这次寄送的邮件收件人姓名不小心写错了一个字，去邮局取时有些不便，现已解决，请放心。欢迎您继续为海大馆赠书，感谢之至！

捐赠地址：海南省海口市人民大道58号海南大学图书馆资源建设部

邮编：570228

收件人：张敏（主任）收
或，李老师 收
或，赠书负责人 收

字草
2013年10月9日

敬礼
顺祝 撰安！

年 月 第 页

证书

陈福永先生/女士：

欣然收悉您赠送的著作《中国神谱：中国民间诸神》《信仰之途始于家乡》等五册。现已置于我馆有关书库妥善保存，嘉惠读者。传承文化。同时，感谢您为我校图书馆事业发展作出的贡献。

特颁此证，以资纪念。

海南大学图书馆

二〇一二年五月十五日

荣誉证书

陈福求先生/女士：

欣然收悉您赠送的著作《为地区族的生态位毁坏系种》壹册，现已置于我馆有关书库妥善保存，嘉惠读者，传承文化。同时，感谢您为我校图书馆事业发展作出的贡献。

特颁此证，以资纪念。

海南大学图书馆

二〇一三年十月八日

荣誉证书

休镇茂　先生/女士：

欣然收悉您赐送的著作《中国梦四部曲(1-4)图象全记绿》等23多册，现已置于我馆有关书库妥善保存，嘉惠读者，传承文化。同时，感谢您为我校图书馆事业发展作出的贡献。

特颁此证，以资纪念。

海南大学图书馆

二〇一三年三月十四日

荣誉证书

陈福成先生/女士：

欣然收悉您赠送的著作《台湾边陲之美》等七册，现已置于我馆有关书库妥善保存，嘉惠读者，传承文化。同时，感谢您为我校图书馆事业发展作出的贡献。

特颁此证，以资纪念。

海南大学图书馆
二〇一三年十月十六日

荣誉证书

陈福求先生/女士：

欣然收悉您赠送的著作《从身经树国——中国过往及历的》等 2 册，现已置于我馆有关书库妥善保存，嘉惠读者，传承文化。同时，感谢您为我校图书馆事业发展作出的贡献。

特颁此证，以资纪念。

备秋 正义 研究系列

海南大学图书馆

二〇一〇年十一月六日

尊敬的陳福成先生：

　　您好！我館已收到您捐贈的圖書《春秋正義》、《找尋理想國--中國式民主政治研究要綱》2 冊，我們將妥善安排相關收藏事宜，以供讀者閱覽。非常感謝您對海南大學圖書館事業的大力支持！

　　海南大學圖書館非常願意接受您的再次大力捐贈，您所附重要著編譯作品目錄中所有現存作品，我們都樂於接受。

　　特此致謝！

　　順祝祺安！

海南大學圖書館

二○一一年十二月十六日

附：捐贈聯繫方式

　　地址：中國海南省海口市人民大道 58 號海南大學圖書館資源建設部
　　郵編：570228
　　電話：0898-66279130
　　聯繫人：李景芝老師　張敏主任
　　海南大學圖書館網址：http://210.37.32.30

回执

陈福成先生您好！

　　您经龙梅女士转赠的图书 37 种 43 册已收到，非常感谢您的捐赠！

贵州大学图书与信息中心

2013 年 5 月 2 日

尊敬的陈先生：

您好！

您寄来的信和书目佳单我们已收阅，
非常感谢！对先生加强两岸文化交流的心
声尤为敬佩，对于能够收藏到先生的作品
也认为是我们的荣幸。我们将接受您的赠送，
图书后半两年即可。另还寄您批贷的书目清
单寄吧，收到后我们将给您寄去收藏订书！

如果不方便有种寄一套也可。

恭祝先生身体康健、生活幸福！

地址：中国 青海省西宁市城西区五四西
路38号，青海师范大学图书馆

景朝霞 收

电话：0971-6306203

青海师范大学图书馆

牟绍清

2013年6月27日

年 月 日 第 页

证书

路福民先生

您惠赠的图书《春秋沉钦 一倡汉等钱先 》共五册，我馆已收藏，非常感谢您对我馆文献资源建设的支持。数湖继续得到您的关证和厚爱。

谢忱！

谨致

青海师范大学图书馆

2013年10月10日

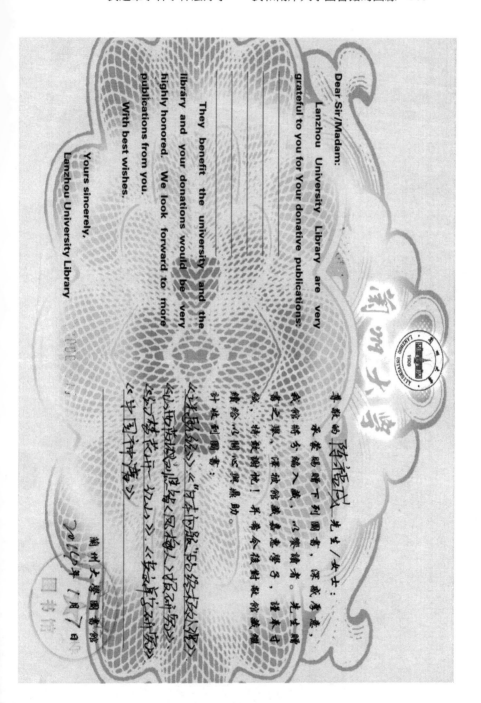

Dear Sir/Madam:

Lanzhou University Library are very grateful to you for Your donative publications.

They benefit the university and the library and your donations would be very highly honored. We look forward to more publications from you.

With best wishes.

Yours sincerely,
Lanzhou University Library

尊敬的 **路海政** 先生/女士：

承蒙賜贈下列圖書，深感厚意，
我館將另編入藏，以豐饒藏書。先生樂
善之舉，惠被後蒙莘莘學子，特致謝忱！不希今後對我館藏建
設，公開心與扶助。

特此致謝！

茲收到圖書：
《比較政治學》、《"好社會"的公共倫理建構》、《公共行政倫理學》、《政治哲學史》、《比較行政研究》、《中國神話》

蘭州大學圖書館
2015年7月7日
圖书馆

尊敬的陈福成先生：您好！

　　首先我代表内蒙古大学图书馆对您的惠赠表示衷心的感谢！

　　内蒙古大学是自治区唯一一所"211"院校，也是一所综合性大学，内蒙古大学图书馆馆藏资源丰富，文献资源建设具有鲜明的民族特点和地区特色。从赠书目录上看，您的赠书会丰富我馆的馆藏，将对我校的教学科研起到一定作用，再次深表谢忱！我们希望能与先生建立长期的合作关系，互通有无，共建事业。收到赠书后，我们将给先生寄去内蒙古大学收藏证书。

　　谢谢！顺致安康！

内蒙古大学图书馆馆长：

赠书地址：内蒙古·呼和浩特市大学西路 235 号　内蒙古大学图书馆
联系人：　金晓
联系电话：（+86）0471-4992556

陳福成先生:

　　您好! 從您的來函中獲悉, 您有意將自己的作品贈送給各大學圖書館, 我們對您這一愛國之舉異常欽佩。我們根據學校自身的收藏特點在您所提供的書目中, 共選出圖書二十種 (勾選), 每種一冊, 如已無庫存, 直接去掉即可。再一次感謝您對我校文獻資源建設工作的支援和貢獻。祝:

　　身體健康
　　萬事順意!

瀋陽師範大學圖書館
2013 年 11 月 12 日

通訊方式:

地址: 遼寧省瀋陽市皇姑區黃河北大街 253 號瀋陽師範大學圖書館

郵編: 110034

聯繫人: 胡永強

電話: (024) 86592565

陈福成老先生

您好！您赠送了我馆多批图书，我们真诚地向您表示感谢。您最近赠送了我们一批书并附有一封信，信中说到送我们一本《谢雪红访讲录》，我们在验收加工过程中未见此书，特此告知您。您这封信的落款时间是 2013.3.14.

祝您安康！

上海大学图书馆采访部　沈美丽

电话 021-66132349

Email:tsg@staff.shu.edu.cn

2014.3.25

上海大学图书馆
Shanghai University Library

收藏证书

陈福成先生

　　承蒙惠赐，所赠《台北的前世今生》等5种，
本馆馆藏得以丰富，我馆将及时付诸展阅奉
缮于读者。上海大学全体师生将因您的善举
而受益良多，倍感嘉惠。

上海大学图书馆

馆长

2014 年 3 月 25

贈书荣誉证

尊敬的 陈元简成

您赠送的春秋论实刀等，

共 六 册已收到。您的赠书丰富了

安徽大学图书馆的馆藏，为读者提

供了新的知识信息。特发此证，以

资谢忱。

此致

敬礼

安徽大学图书馆

14年4月10日

HONORARY CERTIFICATE

Distinguished

　　This is to inform you that we have already received the valuable books you sent us on The books are ． vols in all. They've enriched our library's collection and we are glad to tell you that our readers find them helpful and informative. We appreciate your generosity very much.

Thanks

Sincerely,

Signature

第三篇　補　遺

重慶大學，2009 年。

與妻在海南省植物園，2008 年。

HARVARD-YENCHING LIBRARY
of the Harvard College Library

陳福成先生：

　　你所贈哈佛大學哈佛燕京圖书馆的《中國歷代戰爭新詮》、《中國政治思想新詮》、《中國四大兵法家新詮》、《中國近代黨派發展研究》、《國家安全與戰略關係》、《五十不惑：一個軍校生的半生塵影》、《尋找一座山：陳福成創作集》與《從地獄歸來：愛倫坡小説選》已經收到，本館當妥為保管以饗讀者。特此致謝。

　　　　即頌
文祺

哈佛燕京圖書館中文採購部

HARVARD UNIVERSITY
2 DIVINITY AVENUE
CAMBRIDGE
MASSACHUSETTS
02138

T 617.495.3327
F 617.496.6008

馬小鶴

2006 年 11 月 20 日

HARVARD-YENCHING LIBRARY
HARVARD UNIVERSITY
2 DIVINITY AVENUE
CAMBRIDGE, MASSACHUSETTS 02138

尊敬的陳福成先生：

　　感謝您將《新領導與管理實務》、《赤縣行腳·神州心旅》、《幻夢花開一江山》、《春秋正義》、《春秋詩選》、《洄游的鮭魚》、《公主與王子的夢幻》、《頓悟學習》、《一個軍校生的台大閑情》、《性情世界：陳福成的情詩集》、《迷情·奇謀·輪迴—被詛咒的島嶼（一）》、《迷情·奇謀·輪迴—進出三界大滅絕（二）》、《迷情·奇謀·輪迴—我的中陰身經歷記（三）》贈送本館，**本館當妥為保管以饗讀者。特此致謝。**

　　　即頌
文祺

哈佛燕京圖書館中文採購部

馬小鶴

2010 年 3 月 11 日

臺灣臺北市萬聖街 74-1 號 2 F
陳福成先生收
Taipei City, Taiwan

尊敬的陳福成先生：

感謝您將大作《春秋記實》等 14 本書贈送本館，本館當妥為保管以饗讀者。

特此致謝。

即頌
文祺

哈佛燕京圖書館中文舘員

馬小鶴

2013 年 11 月 25 日

HARVARD-YENCHING LIBRARY
of the Harvard College Library

尊敬的陳福成先生：

感謝您將大作《中國神譜：中國民間宗教信仰之理論與實務》等十六種圖書贈送本館，本館當妥為保管以饗讀者。特此致謝。

　　　即頌

文祺

哈佛燕京圖書館中文採購部

馬小鶴

2012 年 7 月 3 日

HARVARD UNIVERSITY
2 DIVINITY AVENUE
CAMBRIDGE
MASSACHUSETTS
02138

T 617.495.3327
F 617.496.6008

HARVARD-YENCHING LIBRARY
of the Harvard College Library

尊敬的陳福成先生：

　　感謝您將大作《西洋政治思想概述》、《政治學方法論 46 個關鍵問題》、《最自在的是彩霞—臺大退休人員聯誼會》、《大浩劫後：日本東京都知事石原慎太郎「天譴說」溯源探解》、《第四波戰爭開山鼻祖賓拉登：及戰爭之常變研究要綱》和《我們的春秋大業：三月詩會二十年別集》贈送本館，本館當妥為保管以饗讀者。特此致謝。

　　　　即頌

文祺

哈佛燕京圖書館中文採購部

馬小鶴

2012 年 11 月 9 日

HARVARD UNIVERSITY
2 DIVINITY AVENUE
CAMBRIDGE
MASSACHUSETTS
02138

T 617.495.3327
F 617.496.6008

证 书

陈福成 先生/女士：

鉴于您的业绩和贡献，您的成就及作品荣誉入选大型国家传播史册《永载中华》，并作为国礼由全世界华文报纸杂志、电台、电视台和网站的社长、台长、总编收藏。

特颁此证。

世界华文传媒鉴社
二〇〇七年三月二日

獎狀

陳福成教授

參展論文：

很榮幸能參與中華民國軍訓教官「回顧與前瞻」學術研討會第一屆，您得獎的國防捍衛大台灣教育好評論，對國防教育及軍訓教育的學術地位，深具提昇作用及軍事訓教意義。

特致謝忱

淡江大學國際事務與戰略研究所
所長　沈○○

中華民國八十七年十月

中華民國八十七年十月

淡江大學國際暨大陸研究所
所長

謝　忱

特致

軍民團結教育甲等獎作品陳福成　教師　感謝狀

很榮幸能參展您的作品，獲得軍民團結教育甲等獎，本會感到非常榮幸。您的國家安全與教官師資教育專書，學術評鑑與前瞻，對提昇學術地位，深具意義。對「會場研討會」第一屆護理教育國防教育學術研討會加以教示機關教育。

感謝狀

陳福成 教官師

很榮幸奉邀參展論文：

教師學會的回顧與國防教育的決戰關八月

軍品中華能幾得，

謹護理與教育中華幸能，

深具教育學術地位昇提會場研討會第一

官與得訓教示。

特致
謝　沈

淡江大學國際戰略研究會秘書研究所所長

中華民國八十七年十月十日

福炳賢

謝　　函

陳福成老師　大鑑：

　　承蒙　惠贈圖書，隆情厚誼，本館將編
目善為珍藏、廣為流通供眾閱覽，嘉惠後
學。謹以此函略表謝忱。

　　尚此　順頌

時祺

　　　　　　國立空中大學圖書館　謹啟

　　　　　　民國九十九年四月八日

計收：中國歷代戰爭新詮等圖書 196 冊

中華民國

國防部長 陸軍一級上將總長

陸軍二級上將

蔣仲苓

羅本立

執掌薦著陸軍教育事業
照亮甲章頒著軍事訓練業成績陳福章獎照
以資獎勵辦法結福因工作勤著
甲種授有校處成
一規定依法
合給與軍
發照

(85)易日字第
3499號

陸軍獎狀

中華民國

陸軍二級上將總司令　　
國防部長
陸軍一級總司令

郝明義

積滿陸軍
景星勳章頒授著中校
照以甲種授勳有案
查資證章辦法規定
明舉一規定依作
一座　合格與陸軍
依法定　因工作
成績　合格與陸軍
辦法　因工作勤奮

陸軍獎狀獎照

郝柏村

(77)國育字第
18975號

中華民國五十七年十七月十八日

臺中縣長

獎　狀

畢業初級部本縣縣立東勢職業學校

畢業生陳福成十六學年度

品學兼優成績應屆名列

第一茲行畢業成績應屆名

此特頒獎狀以示鼓勵

列奉一頒獎狀

此外特頒獎狀以示鼓勵

此證

生陸福成係（四）川省成都市籍

比敘軍官學校預備學生班比敘高級中學畢業預備學生班

修業法期日生在省預備學生班先成績及格陸軍軍官學校

畢業辦軍官學期修業及格准予畢業於中華民國肆拾

資第一完和此敘規本校續及格准予畢業學生依高級中學畢業證書

照規本規第三條之修業班比敘高級中學畢業資格照辦

校長　羅　列

初

林

中華民國陸拾　年　　月　　日

中華民國七十五年東華十二月卅三日塑三十一日

國防部長 經

鄭為元

茲以勳績以陸軍中校祿成服務勤勞足資矜式特頒

勳章證書

基均字第○三五人號

教育部軍訓處

軍校官教育

上

奉

忠誠

貳

萬歲誠准訓

忠良勤退工作陳

勤學奮休

特克在肆福

頌盡職年成

獎期捨從

以 貢 狀 守 眉 月 事

中

華

民

國

八

部長 林清江

年

月

日

教育部獎狀

台（八）軍學軍字第一０六八號

勳章證書

茲以陸軍上校陳福成

績著特頒勳章壹座

以資矜式此證

總統

行政院院長　蔣經國

國防部長　宋長志

參謀總長　蔣仲苓

中華民國七十三年十二月八日

監印　徐慶良

（81）も日字第

22593號

中華民國八十六年　　月　　日

銓敘部長
銓敘部

姓名：陳福成

作名：關於台灣戰爭優勢之歌見

作品：佳作

年度等第：八十六年

會評定為全國公務
人員優良著作
茲將優良著作人員
品審查書閱
以資鼓勵。

右經年度第

銓敘獎狀

中華民國九十七月七日

謝椿村
陸軍二級上將 任免

之字越圓滿達歷人部著作全像之字越圓滿達歷人部著作全像
贈獎著作經本福成事事著作
獻狀揚醫獎事定其審評
優異勉對新佳選第二位人員
成績軍事合衛獎書褒教之我見

事一查陳國軍事著
贈獎著作經本福成事事
獻狀揚醫獎事定其審評
優異勉對新佳選第二位人員
成績軍事合衛獎特品教之我見

中華文化復興運動總會獎狀　文總獎字第　　號

陳福成先生編著《中國四大兵法家新詮》一書，獲頒中正文化基金會獎金，以示獎勵。特頒此狀，作為激勵文化事業之殊榮。

總會長　李登輝

中華民國　　年　　月　　日

聘　書

謹聘　**陳 福 成**　先生/女士

擔任 馬英九 蕭萬長 競選中華民國第十二任 總　統 副總統

全國中小企業挺馬蕭喜福後援會 會長

讓我們：
智勇雙全、齊心一志、躍馬向前；
以民為念、致力道義、重現藍天！
此聘

總統候選人 馬英九

副總統候選人 蕭萬長

中華民國九十七年元月卅 日

研 習 證 書

（102）佛光會證字第 00759 號

陳福成

2013 年 8 月 13－16 日，全程參加本會舉辦
「全國教師佛學夏令營～人間佛教法要」
共計 22 小時，特此證明

總會長 趙麗雲

西 元
佛光紀元 08 月 16 日

結業證書

(99)佛光勝證字第　410320　號

陳福成

於 2010 年 8 月 17 日至 8 月 20 日
全程參加本會舉辦「2010 年全國教師
佛學夏令營」，共計 25 小時。

特此證明

國際佛光會中華總會

總會長　陳勝

西　元　　　　　年　　月 20 日
佛光紀元

就任本會執行或贊助會務，○○○女士先生福成，對推展民間活動多所貢獻，整體資源共同……不遺餘力，特頒本狀，以示謝忱。

感謝狀

台北市青溪新文藝學會
理事長　林靜助

中華民國　　年　元月　四日

(例)青溪字第○○五號

國立臺灣大學聘書

敬聘

陳福成　先生為本大學軍訓室軍訓主任教官

附註：本聘書有效期間自民國八十六年八月一日起至八十七年七月三十一日止

中華民國八十

校長　陳維昭

國軍聘字第〇〇三號

結業證書

(100)佛光勝證字
第 411652 號

陳 福 成

於 2011 年 8 月 17 日~20 日，全程
參加本會舉辦「2011 年全國教師佛學
夏令營-佛教的修行次第『出離心』」，
共計 25 小時。

特此證明

國際佛光會中華總會

總會長

西 元 20　　年　 8 　月　 20 　日

佛光紀元　 46

研究生陳福成君參加學術研究

研究方法導論班九十年七月五日至七月五日辦美自國立政治大學

修業期滿成績及格『共計三十小時』研究方法辦理之『九十一年九十年

特此證明

主任委員 林碧炤

中華民國九十一年七月五日

結業證書

(91)政研字業號

397

福成先生道鑒：

薰風乍拂，化日方長，敬維

文祉增綏，為學發軔為頌，渥蒙

賜贈「我所知道的孫大公」著作乙書，隆情盛意，感

篆良殷！

賢棣才華藝世，文采繽紛，長年以來潛心著作，作品

廣涉軍事、領導管理、小說、翻譯及現代詩等六十餘

冊，誠謂「軍人作家」，當之無愧！本書詳述

大公老師允文允武，無私無我之一生行誼，身在海外，

仍心繫國是，強烈國家民族情操，堪為革命軍人忠貞

典範適。值國防事務變革之際，敬祈

所贈鉅作，當珍藏拜讀，特虔函馳謝！

時賜箴言，俾資借重，不勝企禱！耑此 順頌

近安

　　　　　　　　　　　　　高華柱 敬啟

　　　　　　　　　　　　　一〇〇年五月六日

華柱用牋

陳福成 80 著編譯作品彙編總集

編號	書　　　名	出版社	出版時間	定價	字數(萬)	內容性質
1	決戰閏八月：後鄧時代中共武力犯台研究	金台灣	1995.7	250	10	軍事、政治
2	防衛大臺灣：臺海安全與三軍戰略大佈局	金台灣	1995.11	350	13	軍事、戰略
3	非常傳銷學：傳銷的陷阱與突圍對策	金台灣	1996.12	250	6	傳銷、直銷
4	國家安全與情治機關的弔詭	幼　獅	1998.7	200	9	國安、情治
5	國家安全與戰略關係	時　英	2000.3	300	10	國安、戰略研究
6	尋找一座山	慧　明	2002.2	260	2	現代詩集
7	解開兩岸 10 大弔詭	黎　明	2001.12	280	10	兩岸關係
8	孫子實戰經驗研究	黎　明	2003.7	290	10	兵學
9	大陸政策與兩岸關係	黎　明	2004.3	290	10	兩岸關係
10	五十不惑：一個軍校生的半生塵影	時　英	2004.5	300	13	前傳
11	中國戰爭歷代新詮	時　英	2006.7	350	16	戰爭研究
12	中國近代黨派發展研究新詮	時　英	2006.9	350	20	中國黨派
13	中國政治思想新詮	時　英	2006.9	400	40	政治思想
14	中國四大兵法家新詮：孫子、吳起、孫臏、孔明	時　英	2006.9	350	25	兵法家
15	春秋記實	時　英	2006.9	250	2	現代詩集
16	新領導與管理實務：新叢林時代領袖群倫的智慧	時　英	2008.3	350	13	領導、管理學
17	性情世界：陳福成的情詩集	時　英	2007.2	300	2	現代詩集
18	國家安全論壇	時　英	2007.2	350	10	國安、民族戰爭
19	頓悟學習	文史哲	2007.12	260	9	人生、頓悟、啟蒙
20	春秋正義	文史哲	2007.12	300	10	春秋論文選
21	公主與王子的夢幻	文史哲	2007.12	300	10	人生、愛情
22	幻夢花開一江山	文史哲	2008.3	200	2	傳統詩集
23	一個軍校生的台大閒情	文史哲	2008.6	280	3	現代詩、散文
24	愛倫坡恐怖推理小說經典新選	文史哲	2009.2	280	10	翻譯小說
25	春秋詩選	文史哲	2009.2	380	5	現代詩集
26	神劍與屠刀（人類學論文集）	文史哲	2009.10	220	6	人類學
27	赤縣行腳・神州心旅	秀　威	2009.12	260	3	現代詩、傳統詩
28	八方風雨・性情世界	秀　威	2010.6	300	4	詩集、詩論
29	洄游的鮭魚：巴蜀返鄉記	文史哲	2010.1	300	9	詩、遊記、論文
30	古道・秋風・瘦筆	文史哲	2010.4	280	8	春秋散文
31	山西芮城劉焦智（鳳梅人）報研究	文史哲	2010.4	340	10	春秋人物
32	男人和女人的情話真話（一頁一小品）	秀　威	2010.11	250	8	男人女人人生智慧

陳福成 80 著編譯作品彙編總集

編號	書　名	出版社	出版時間	定價	字數（萬）	內容性質
33	三月詩會研究：春秋大業 18 年	文史哲	2010.12	560	12	詩社研究
34	迷情・奇謀・輪迴（合訂本）	文史哲	2011.1	760	35	警世、情色
35	找尋理想國：中國式民主政治研究要綱	文史哲	2011.2	160	3	政治
36	在「鳳梅人」小橋上：中國山西芮城三人行	文史哲	2011.4	480	13	遊記
37	我所知道的孫大公（黃埔 28 期）	文史哲	2011.4	320	10	春秋人物
38	漸陳勇士陳宏傳：他和劉學慧的傳奇故事	文史哲	2011.5	260	10	春秋人物
39	大浩劫後：倭國「天譴說」溯源探解	文史哲	2011.6	160	3	歷史、天命
40	臺北公館地區開發史	唐　山	2011.7	200	5	地方誌
41	從皈依到短期出家：另一種人生體驗	唐　山	2012.4	240	4	學佛體驗
42	第四波戰爭開山鼻祖賓拉登	文史哲	2011.7	180	3	戰爭研究
43	臺大逸仙學會：中國統一的經營	文史哲	2011.8	280	6	統一之戰
44	金秋六人行：鄭州山西之旅	文史哲	2012.3	640	15	遊記、詩
45	中國神譜：中國民間信仰之理論與實務	文史哲	2012.1	680	20	民間信仰
46	中國當代平民詩人王學忠	文史哲	2012.4	380	10	詩人、詩品
47	三月詩會 20 年紀念別集	文史哲	2012.6	420	8	詩社研究
48	臺灣邊陲之美	文史哲	2012.9	300	6	詩歌、散文
49	政治學方法論概說	文史哲	2012.9	350	8	方法研究
50	西洋政治思想史概述	文史哲	2012.9	400	10	思想史
51	與君賞玩天地寬：陳福成作品評論與迴響	文史哲	2013.5	380	9	文學、文化
52	三世因緣：書畫芳香幾世情	文史哲				書法、國畫集
53	讀詩稗記：蟾蜍山萬盛草齋文存	文史哲	2013.3	450	10	讀詩、讀史
54	嚴謹與浪漫之間：詩俠范揚松	文史哲	2013.3	540	12	春秋人物
55	臺中開發史：兼臺中龍井陳家移臺略考	文史哲	2012.11	440	12	地方誌
56	最自在的是彩霞：台大退休人員聯誼會	文史哲	2012.9	300	8	台大校園
57	古晟的誕生：陳福成 60 詩選	文史哲	2013.4	440	3	現代詩集
58	台大教官興衰錄：我的軍訓教官經驗回顧	文史哲	2013.10	360	8	台大、教官
59	為中華民族的生存發展集百書疏：孫大公的思想主張書函手稿	文史哲	2013.7	480	10	書簡
60	把腳印典藏在雲端：三月詩會詩人手稿詩	文史哲	2014.2	540	3	手稿詩
61	英文單字研究：徹底理解英文單字記憶法	文史哲	2013.10	200	7	英文字研究
62	迷航記：黃埔情暨陸官 44 期一些閒話	文史哲	2013.5	500	10	軍旅記事
63	天帝教的中華文化意涵：掬一瓢《教訊》品天香	文史哲	2013.8	420	10	宗教思想
64	一信詩學研究：徐榮慶的文學生命風華	文史哲	2013.7	480	15	文學研究

陳福成 80 著編譯作品彙編總集

編號	書　　　　　名	出版社	出版時間	定價	字數(萬)	內容性質
65	「日本問題」的終極處理 —— 廿一世紀中國人的天命與扶桑省建設要綱	文史哲	2013.7	140	2	民族安全
66	留住末代書寫的身影：三月詩會詩人往來書簡	文史哲	2014.8	600	6	書簡、手稿
67	台北的前世今生：圖文說台北開發的故事	文史哲	2014.1	500	10	台北開發、史前史
68	奴婢妾匪到革命家之路：復興廣播電台謝雪紅訪講錄	文史哲	2014.2	700	25	重新定位謝雪紅
69	台北公館台大地區考古・導覽：圖文說公館台大的前世今生	文史哲	2014.5	440		
70	那些年我們是這樣談戀愛寫情書的（上）	文史哲				
71	那些年我們是這樣談戀愛寫情書的（下）	文史哲				
72	我的革命檔案	文史哲	2014.5	420		革命檔案
73	我這一輩子幹了些什麼好事	文史哲				人生記錄
74	最後一代書寫的身影：陳福成的往來殘簡殘存集	文史哲				書簡
75	「外公」和「外婆」的詩	文史哲	2014.7	360	2	現代詩集
76	中國全民民主統一會北京行：兼全統會現況和發展	文史哲	2014.7	400	5	
77	六十後詩雜記現代詩集	文史哲	2014.6	340	2	現代詩集
78	胡爾泰現代詩臆說：發現一個詩人的桃花源	文史哲	2014.5	380	8	現代詩欣賞
79	從魯迅文學醫人魂救國魂說起：兼論中國新詩的精神重建	文史哲	2014.5	260	10	文學
80						
81						
82						
83						
84						
85						
86						
87						
88						
89						
90						
91						
92						
93						
94						

陳福成國防通識課程著編及其他作品
（各級學校教科書及其他）

編號	書　　　名	出版社	教育部審定
1	國家安全概論（大學院校用）	幼　獅	民國 86 年
2	國家安全概述（高中職、專科用）	幼　獅	民國 86 年
3	國家安全概論（台灣大學專用書）	台　大	（台大不送審）
4	軍事研究（大專院校用）	全　華	民國 95 年
5	國防通識（第一冊、高中學生用）	龍　騰	民國 94 年課程要綱
6	國防通識（第二冊、高中學生用）	龍　騰	同
7	國防通識（第三冊、高中學生用）	龍　騰	同
8	國防通識（第四冊、高中學生用）	龍　騰	同
9	國防通識（第一冊、教師專用）	龍　騰	同
10	國防通識（第二冊、教師專用）	龍　騰	同
11	國防通識（第三冊、教師專用）	龍　騰	同
12	國防通識（第四冊、教師專用）	龍　騰	同
13	臺灣大學退休人員聯誼會會務通訊	文史哲	

註：以上除編號 4，餘均非賣品，編號 4 至 12 均合著。

編號 13 定價一千元。